神野直彦著

人間回復の経済学

岩 波 新 書

782

神野直彦著

人間回復の経済学

岩 波 新 書

782

はじめに

本書のタイトルは、彷徨した末、『人間回復の経済学』という気恥かしいようなものになってしまった。気がついてみると、無意識のうちにではあるが、私が東京大学を卒業してから自動車工場の組立工として働いていたときにむさぼり読んでいた、ジョゼフ・バジールの『人間回復の経営学——一九八〇年代の管理者像』(グロータース／美田稔訳、三省堂、一九六九年)と類似したネーミングとなっている。

バジールは『人間回復の経営学』で、「教養」を身につけた経営者の養成の重要性を提唱している。バジールによると、教養とは「調和のとれた人間の形成」を意味している。その主張は、人間の全体性の回復をめざしているといいかえてもいい。本書も同様に、人間の全体性の回復を強調している。

本書は、財政社会学的アプローチから、人間の全体性を押しつぶしてしまうような現在の構造改革に異議を申し立てている。というよりも、構造改革の背後理念となっている主流派経済学に異議を唱えている。正確に表現すれば、精緻に組み立てられた主流派経済学の理論的前提と現実との相違を無視して、それを現実に無批判に適用しようとする俗流経済学に異議を申し立てているのである。

人間が利己心にもとづく経済人だという主流派経済学の仮説は、人間のある側面を純化した理論的仮説にすぎない。人間が経済人として生きなければならないという行動規範ではない。人間は悲しみや苦しみを分かちあい、やさしさや愛情を与えあって生きている。ところが、いつのまにやら、その理論的前提が、人間は経済人として生きなければならないという行動の規範に仕立てあげられている。

しかも、それがグローバルスタンダードだと考えられている。私の担当する大学のゼミナールで、政治経済学の世界的権威であるコロラド大学のスタインモ教授に、この原稿を書いている前日に、情熱的な講義をしてもらった。スタインモ教授は日本に来てはじめて、グローバルスタンダードという言葉のあることを知って驚き、それはいったい何なのだと肩をすくめた。

気候も風土も習慣も相違している国々で、共通のルールなど存在のしようがない。日本では、グローバルスタンダードとはアメリカが世界に売り歩いているアメリカンスタンダードを意味しているようだが、アメリカンスタンダードを導入すれば、格差は拡大し、社会に亀裂が走る。

そうスタインモは警告している。

スタインモは、スウェーデンを観察すると、高付加価値の知識集約型産業に特化しているため、租税負担率が高くとも、企業がフライトしない。なぜなら、知識集約型産業では人間の知的能力そのものを必要とするため、優秀な人材が集住しているスウェーデンから、企業はフライトすることはないからだ、という。

本書のメッセージは、こうしたスタインモの言葉に尽きている。本書の大部分は、私がスウェーデンに滞在しているときに執筆している。とはいえ、アメリカンスタンダードのかわりに、スウェーデンスタンダードを受け入れようと主張しているわけではない。

人間の夢と希望を行動基準にし、人間の社会をより人間らしい方向へと、社会のハンドルを切っても、社会は機能する。悲しみや苦しみを分かちあい、やさしさを与えあっても、モラルハザードなどはたらかない。その例として、スウェーデンをあげているのである。

本書は、財政学者である私にとって、役割の逸脱かもしれない。自動車工場の組立工として働き、自動車のセールスマンとして働きながら、人間の労働を省察してきた私の履歴効果が、本書に反映しているかもしれない。しかし、あくまでも本書は、動物国家ではなく人間国家を、そして人間経済を提唱した、財政社会学の始祖ゴルトシャイトの思想を継承している。

人間が人間社会をつくりだそうとする不断の努力、それが人間の歴史にほかならない。こうした人間の歴史から目をそむけ、暗き冬の訪れにおびえながら、夏時間から冬時間に時計の針を戻すように、歴史の時計の針を逆転させてはならない。

フランスの哲学者ジャン＝ポール・サルトルがいつも口ずさんでいた詩人フランシス・ポンジュは、つぎのように歌っている。

人間は人間の未来である。

人間回復の経済学——目次

1　経済のための人間か、人間のための経済か

人間はホモ・エコノミクスか？

経済学では人間をホモ・エコノミクス、つまり「経済人」と仮定する。人間は利己心にもとづいて、快楽と苦痛を一瞬のうちに合理的に計算して行動する、と経済学では仮定している。喜び、悲しみ、怒りながら生きているという人間の情緒的側面は、経済学では捨象されている。人間はあたかも苦楽を一瞬のうちに計算する機械にすぎない、という人間機械観だといってもいい。

そのため、人間が合理的な経済人であるという仮説に対して、人間は機械ほど合理的な存在ではないという反論が出されている。人間は機械ほど合理的には計算できないので、アスピレーション・レベル（満足水準）を充足すれば、それで行動するという「限定合理性」が主張される。

塩沢由典教授（大阪市立大学）の口真似をすれば、デパートで買い物をする際に、売り場を右から回るか、左から回るかによって購入する品物がちがってくる。それは人間が一定の満足水準を満たせば、目についた品物を買ってしまうからにほかならない。しかし、こうした限定合理性の仮説も、人間が機械以下の存在だと指摘しているにすぎない。

人間は経済人、つまりホモ・エコノミクスではない。人間はホモ・サピエンス、つまり「知恵のある人」であり、知性人あるいは叡知人なのである。

経済学の始祖は、一八世紀のアダム・スミスだといわれている。たしかに、アダム・スミスは、人間が利己心にもとづいて自己利益を追求すれば、「見えざる手」に導かれて自然調和が実現すると説いている。

しかし、こうした経済人仮説にもとづく経済学に挑戦する経済学のパラダイムも誕生する。そのような経済学のパラダイムには、二つの潮流がある。ひとつは財政学であり、もうひとつは社会経済学である。財政学はドイツで、社会経済学はフランスさらにはドイツで生じている。いずれも市場経済の先進国であるイギリスに対抗する、ドイツやフランスで誕生した経済学ということができる。

一八七〇年代にドイツで誕生した財政学は、経済人仮説の経済学が強者の自由をもたらすにすぎない、と見抜いたリストの「国民経済」という概念を継承している。財政学では、市場経済とともに、財政が車の両輪にならなければ、国民経済は発展しないと考えている。

同じ一八七〇年代には、古典派の経済人仮説を極端に適用する、新古典派の経済学も誕生している。もちろん現在では、経済学といえば、市場メカニズムに全幅の信頼をよせる新古典派経済学を意味するまでに、新古典派経済学の全盛期をむかえていることはご存知のとおりである。

古典派経済学もたしかに、経済人仮説に立脚している。しかしアダム・スミスは、経済学の古典である『国富論』をあらわす前に、『道徳情操論』を刊行し、そのなかで人間の本性が共感にあることを明らかにしている。アダム・スミスは人間の本性が利己心にのみあると考えていたわけではなく、相互に共感できる社会的存在として人間を理解していたのである。アダム・スミスは経済学の始祖であると同時に、財政学も展開しており、財政学の始祖ともなっている。

一九世紀末に誕生した新古典派経済学は、利己心と共感というバランスの上に築かれたアダム・スミスの学問体系から、共感という側面を削ぎ落としたものといえる。

一方、社会経済学は、アダム・スミスのいう共感を重視したということができる。人間は共感にもとづいて、自発的に協力する。そうした自発的協力にもとづく協同社会を、フランスの社会思想家フーリエは提唱している。ドイツの財政学が強制的共同経済である財政を重視したのに対して、フランスの社会経済学は自発的な共同経済に注目したということができる。この自発的な共同経済が社会経済である。

もっとも、一九世紀末にドイツ財政学を大成したワグナーは、国民経済を三つの組織化原理による経済から構成されていると考えている。第一は私的経済あるいは個人主義的経済組織である。第二は共同経済組織であり、第三は慈善的経済組織である。

こうした三つの経済組織の基礎をなす組織化原理を、ワグナーはそれぞれの組織の機能における心理的動機のちがいとして説明している。つまり、個人主義的経済組織が利己的動機、共同経済組織が共同的動機、慈善的経済組織が慈善的動機にもとづいて機能していると想定していたのである。

共同的利益を目的とする共同経済組織はさらに、自由意志的結合による自由共同経済と、権力体によって強制的に結合される強制共同経済に分類される。この自由共同経済は、協同組合のようなボランタリーセクターを意味していると考えられる。フランスの社会経済学は、ワグナーのいう自由意志的結合による自由共同経済を、自発的な共同経済すなわち社会経済として重視したということができる。

慈善的経済組織については、個人主義的経済組織と共同経済組織とのすきまを埋めるもの、とワグナーは理解する。こうしたワグナーの理解からすれば、慈善的経済組織を家族やコミュニティというインフォーマルセクターの機能に近い概念と考えることができる。

財政社会学の考え方

国民経済は市場経済と財政とが車の両輪となると理解していた財政学は、すでに社会経済学的視点を導入し、自由共同経済という概念をも織りこんでいた。とはいえ、意識的に社会経済学を財政学に取りこもうと構想したのは、ゴルトシャイトやシュムペーターによって提唱された財政社会学である。

さらにズルタンは、ウェーバーの知識社会学を吸収しながら、財政を経済・政治・社会の各要素を統合する「社会総体」との機能的相関関係において理解しようとする。このように、経済人モデルの経済学に対抗する、財政学と社会経済学という二つの経済学のパラダイムを融合しようとする試みが、財政社会学によって追求されていく。

経済とはホモ・サピエンスつまり知恵のある人である人間と、自然との壮絶なたたかいである。人間は自然にたたかいを挑み、人間にとっての有用物を取り出し、人間のあいだに分配して、人間の欲望を充足していくことによって生存している。

つまり、経済とは自然を人間にとっての有用物に変換し、それを人間のあいだに分配することにほかならない。自然を人間にとって有用物に変換する行為を、労働と呼んでいる。

こうした経済を営むのは、人間が経済人ではなく、知恵のある人だからである。人間以外の生物とちがって、人間だけが自然に存在するものをそのまま消費して欲求を充足するのではなく、自然を人間にとっての有用物に変換していく。

自然を人間にとっての有用物に変換するためには、自然の因果関係を明らかにし、それを踏まえて有用物を設計したうえで変換する必要がある。こうしたことが可能になるのは、人間が創造力と構想力をそなえた、知恵のある人だからである。

人間の欲求を充足する有用物を増加させるには、自然を有用物に変換する「創造力」や構想力を高めなければならない。しかも、有用物を増加させ、生活水準を上昇させるためには、狭義の労働という自然を有用物に変換させる能力だけでなく、人間どうしの協力や人間のきずなが決定的な要素となる。

洋服を仕立てるということを考えてみればわかりやすい。いかに腕のいい仕立屋の職人といえども、いくら腕によりをかけてみても、一人で洋服を製作することはできない。洋服の縫製は一人でできるとしても、その背後には多くの人間の協力が存在しているのである。

洋服が綿製品であれば、棉花の栽培からはじまる。それには、棉花の栽培に従事する農民がいる。しかし、現在の棉花の栽培は、一昔前の牧歌的な棉花の栽培ではない。進歩した肥料が使われ、トラクターが使われる。もちろん、棉花の生育をおびやかす害虫を駆除する殺虫剤も、飛躍的な進歩をとげている。

こうした肥料や農機具や害虫駆除薬品の進歩によって、棉花の生産性は飛躍的に上昇している。もちろん、肥料や農機具や害虫駆除薬品が進歩した背景には、人間の知恵の結晶である科学の進歩がある。科学の進歩には多くの科学者が貢献している。

棉花から綿糸をつくり、綿糸から綿布をつくり、綿布を洋服に縫製するためには機械を使用する。棉花から洋服の縫製までに使われる紡績機、紡織機、縫製機も技術革新によって格段の進歩をとげている。そうした技術革新も多くの技術者の知恵の結晶である。

しかも、現在では仕立屋の庭先で棉花を栽培しているわけではない。原料の棉花は七つの海を越えて、世界各地から運ばれてくる。綿糸や綿布も同様である。それを可能にしているのは輸送や通信のネットワークである。こうした輸送や通信のネットワークは、それを建設し、運営する人間が存在しなければ機能しない。

農民も、紡績業者も、織物業者も、縫製業者も、金融を必要とする。農民や紡績業者や織物業者や縫製業者という生産者だけでなく、金融業者も存在しなければ、洋服は仕立てられない。

科学者や技術者も能力を発揮するには、研究所という組織を必要とする。科学者や技術者が存在するためには、教育制度が充実している必要がある。

科学者や技術者だけではない。生産者も教育制度を必要とする。それよりもなによりも、社会秩序が維持されていなければ、生産も輸送も金融も機能しない。防犯や治安を維持するサービスが存在しなければ、洋服仕立てすら不可能なのである。

このように人間が自然を有用物に変換するためには、人間の労働だけで十分だというわけではない。自然には存在しない肥料や機械などの、自然にはたらきかける手段を必要とする。そうした手段の延長として、通信や輸送も必要である。それればかりではない。金融、教育、警察などといった人間がつくりだした「制度」が必要となる。

こうした自然にはたらきかける手段や制度も、人間の知恵の産物である。人間の創造力や構想力の産物なのである。

しかも、自然にはたらきかける主体である人間が存在するためには、家族やコミュニティが不可欠となる。巣をつくる動物は存在するが、ミツバチにしてもアリにしても、いつも同じ巣をつくる。人間のように設計し、構想してはつくらないからである。創造力や構想力がある人間は、家族にしろコミュニティにしろ、つねに変化させている。

社会総体を構成する三つのサブシステム

こうしてみてくると、人間の経済は、人間の社会総体が有機的に関連していることがわかる。人間が自然にはたらきかける経済は、トータルシステムとしての人間の社会総体が支えている、という視点が財政社会学的アプローチということになる。

人間を経済人として把握するのではなく、ホモ・サピエンスつまり知恵のある人としてアプローチする。そう言いなおしてもいい。ホモ・サピエンスの国家は、ゴルトシャイトの言葉でいえば、動物国家ではなく、人間国家である。同様に、ホモ・サピエンスの経済は動物経済ではなく、人間経済なのである。これが知恵のある人の国家における「経済システム」である。人間関係を意味している「政治システム」とは、強制力にもとづく、支配・被支配という人間関係ということができる。最後の「社会システム」とは、人間と人間との自発的協力による結びつき、つまり共同体的人間関係を意味している。

以上の三つのサブシステムが、トータルシステムとしての人間の社会総体を形成しているのである(図1・1)。

三つのサブシステムは、それぞれワグナーのいう三つの経済組織に対応すると考えていい。経済システムが利己的動機にもとづく個人主義的経済組織、政治システムが共同的動機にもとづく共同的経済組織、社会システムが慈善的動機にもとづく慈善的経済組織に対応する。もっとも、それぞれが完全な対応関係にあるわけではない。

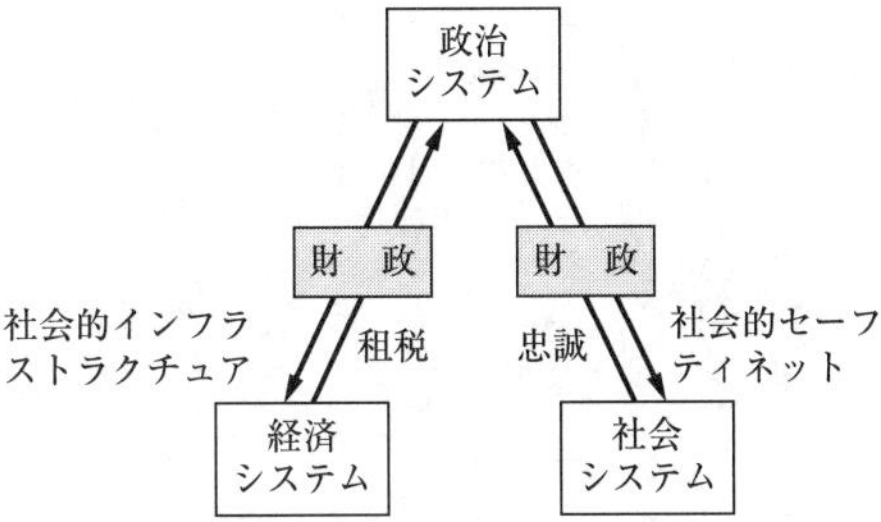

図1.1　社会総体を構成する3つのサブシステムの関係

政治システムとは、ワグナーのいう共同的経済組織のうち、強制共同経済を意味する。社会経済学が重視する自由意志的結合による自由共同経済は、社会システムに分類している。自発的協力組織だからである。したがって、社会システムとは、協同組合などのボランタリーセクターと、コミュニティや家族というインフォーマルセクターを含むことになる。

こうして分類した三つのサブシステムは、人間の行為を基準にして、つぎのように特色づけることができる。

第一に、人間の行為が強制的か自発的かを基準に、政治システムを経済システムと社会システムという、他の二つのサブシステムから区分することができる。政治システムにおける人間の行為は強制的で公共部門と呼ばれるのに対し、経済システムと社会システムでの人間の行為は自発的で民間部門と呼ばれているからである。

第二に、人間の行為が有償で実施されるか、無償で実施されるかによって、社会システムを他の二つのサブシステムから区分できる。家族やコミュニティという社会システムでは、無償労働で財・サービスが生産されるのに対して、経済システムや政治システムでは、有償労働で財・サービスが生産されるからである。

第三に、人間の行為の原理が競争原理か、協力原理かによって、経済システムを他の二つのサブシステムから区分できる。経済システムは「お金もうけをしていい領域」であり、競争原理を基軸原理としている。それに対して、政治システムと社会システムは、「お金もうけをしてはいけない領域」であり、協力原理を基軸原理としているからである。

つまり、神が創造主である土地に代表される自然や、人間の活動そのものである労働、それらを取引する「要素市場」が成立してはじめて、市場社会が成立する。要素市場では土地、労働、資産という生産要素の生みだす要素サービスが取引され、地代、賃金、利子などの要素所得が分配される。

要素市場では、労働に賃金としていくら分配するか、土地を所有している人に地代としていくら分配するかが決まるが、決めるのは人間である。人間が生活するためにどの程度の保障が必要か、その仕事が人間にとってどういう意味をもつのか、などという人間的要素を考察しながら、人間が決めるものである。

人間が所得を決めるために要素市場を創造したといってもいい。したがって、安定した市場経済体系を維持するか否かも人間しだいなのである。

経済学の主流である新古典派経済学では、人間の経済がトータルシステムとしての社会総体によって支えられているという視点を見失っている。直接的な生産・分配過程だけを、経済だとみなして、トータルシステムとしての社会総体から切り離して考察する。そのように考察対象を分析することによって、ホモ・エコノミクスという前提が成立すると主張している。

財政学では伝統的に、人間の動機を利己的動機にのみ限定していない。ワグナーもホモ・エコノミクスの仮説を排し、人間に利己的動機、共同的動機、慈善的動機の三つの動機を見出している。こうした三つの動機から、前述のようにワグナーは、個人主義的経済組織、共同経済組織、慈善的経済組織という三つの経済組織から社会が構成されていると考えている。

ワグナーの三つの経済組織論を、財政社会学という視点から現代によみがえらせれば、社会総体のしくみは、三つのサブシステムから構成されていると理解することができることはすでに述べた(図1・1参照)。

経済システムとは、等価物を交換する人間と人間との関係、すなわち市場経済を媒介とする人間関係を意味している。政治システムとは、強制力にもとづく、支配・被支配という人間関係ということができる。最後の社会システムとは、人間と人間との自発的協力による結びつき、つまり共同体的人間関係を意味している。

このように特色づけられる三つのサブシステムから構成されるトータルシステムとしての社会全体は、人間が創造したものである。もちろん、ひとつひとつのサブシステムも、創造主は人間である。

市場経済を意味する経済システムも、人間によってつくりだされている。アダム・スミス以来、市場経済は神がつくった自然秩序として信仰を集めている。しかし、人間経済をめざす財政社会学的アプローチでは、市場経済の創造主も人間である。

人間が創造した市場経済は自然現象ではない。市場価格も、神の見えざる手ではなく、人間が決める。

三つのサブシステムから構成される市場社会とは、要素市場の存在している社会である。人間が自然にはたらきかけて創造した生産物を取引する生産物市場は、人間の歴史とともに古くから存在した。

しかし、神が創造したものを取引しはじめたのは最近のことである。日本でいえば、土地が市場で取引され、労働市場が成立するのは、明治時代になってからである。

市場価格を人間が決定しているにもかかわらず、それは神の見えざる手に導かれた自然秩序であって、人間が介入すべきではない、と新古典派経済学は主張する。もちろん、この前提には、人間が自己利益のみを追求する経済人であるという人間観がある。

そうした経済人仮説は、複雑な存在である現実の人間から多くの側面を捨象して純化させた、理論的仮説だったはずである。物体の落下の法則を導きだすために、真空状態を想定したようなものである。もちろん、現実には空気が存在するために、物体は真空状態と同様に同じ速度で落下することはない。

そうした理論的仮説であるにもかかわらず、それが行動の基準として主張されていく。つまり、経済人として生きなければならない。他者に共感してはならないと主張される。なぜなら、経済人として行動しなければ、市場経済が機能せずに、効率性がゆがめられてしまうからである。

しかし、それは現実には空気が存在するにもかかわらず、真空状態だと想定して生きよといっているに等しい。もちろん、それでは人間は生存することができない。空気がなければ、呼吸ができず、死んでしまうからである。

財政社会学のルネサンス

アダム・スミスも、利己心に支配される経済人仮説だけではなく、共感という人間の本性を認めながら、人間の全体性を把握しようとしていた。『国富論』の第五編で展開された財政論は、ドイツの財政学に継承されていくが、ドイツの財政学では利己的動機に加え、共同的動機や慈善的動機をも包摂した人間の全体性にせまろうとしていたのである。

財政学に社会経済学を取り入れようとした財政社会学は、一九八〇年代頃から息を吹き返す。つまり、「ゴルトシャイトとシュムペーターの伝統」が力強く復興したのである。

オコンナーの『現代国家の財政危機』や、『脱工業社会の到来』の著者として知られるハーバード大学のダニエル・ベルの『資本主義の文化的矛盾』を復興の烽火として、ブロック、スウェドバーグ、キャンベル、ブラウンリー、それにスタインモなどが財政社会学を発展させていく。

こうした財政社会学のルネサンス現象は、二〇世紀後期に「危機の時代」に突入したことの反映にほかならない。もちろん、財政社会学は財政を経済、政治、社会との相互制約性との関連で分析しようとする試みではあるけれども、ここでは財政社会学を発展させ、人間はホモ・サピエンスつまり知恵のある人という現実を前提にして、経済を知恵のある人によって制御されていくシステムとして分析していく。

人間は、人間の社会そして人間の経済の創造主であることを前提にして、人間は自己の本来の創造主になることができる。経済人は人間の行動基準にはなりえない。人間の行動の基準は、あくまでも人間の夢と希望なのである。

2　「失われた一〇年」の悲劇

転換期に生きるということ

人間の歴史には、時代とエポックがある。というよりも、時代には二つの意味がある。それはピリオド(period)とエポック(epoch)である。ピリオドとは一定の特色を備えている時代であり、エポックとは画期的な時代という意味である。

ピリオドとしての時代をたんに時代と表現すれば、時代とはトータルシステムとしての社会の枠組が維持されている、一定の特色を備えた歴史的時期である。つまり、社会の枠組がレールとして敷かれていて、その上をただ走りさえすればいいのが時代である。

それに対して、エポックとはひとつの時代が終わり、ひとつの時代がはじまろうとしている転換期である。もっとも、エポックとしての転換期の結末は、かならずしもひとつの時代のはじまりとは限らない。

人間の歴史を真摯に振り返れば、文明が滅亡する悲劇がくりかえし演じられている。つまり、エポックとしての転換期の結末には二つある。

ひとつは新生である。つまり、新しい時代のはじまりである。もうひとつは破局である。つまり、時代を築いた文明の滅亡である。

私たちはいま、エポックとしての転換期に生きている。エポックに生きる人間は、既存のレールの上をひた走ることが許されない。右にハンドルを切るのか、左にハンドルを切るのかの選択にせまられている。

ハンドルを切りまちがえると、破局への道に向かってしまう。新生への道に向かってハンドルを切らなければならない。

もちろん、ホモ・サピエンスである人間は、創造力と構想力で未来を設計することができる。新生への道は、人間をより人間らしくする方向へ向かう道である。人間をより人間らしくする方向で未来をデザインして、ハンドルを切ってアクセルを吹かせなければならない。ハンドルを切りまちがえてしまえば、破局への道に向かってアクセルを吹かしてしまうことになる。

エポックに生きる人間の使命は、点を見つめることである。点には長さも面積もない。ただ位置だけをしめしている。人間にも点がある。つまり、人間を人間たらしめている点のようなものがある。それを見失ってはならない。

点を見つめる眼力さえあれば、経済の創造主が人間であることに気がつくはずである。つまり、人間のために経済システムを人間がつくったのである。

この経済システムを論理的・整合的に説明するために、「経済人」仮説を採用することを、頭から否定するつもりはない。しかし、それはあくまでも理論的仮説であって、現実ではない。ましてや、人間が経済人として行動しなければならないいわれはない。

ところが、主流派の俗流経済学者は、人間は経済人として行動せよと、したり顔で説教をする。あたかも「見えざる神」のお告げを伝える神子にでもなったようにふるまう俗流経済学者が、巷に氾濫している。

人間は経済人として行動することが、神の御心に合致するといわれると、人間は経済のための存在と位置づけられてしまう。経済人としてふるまおうとする経営者は、人間をたんなるコストとみなす。それだからこそ、この構造不況のもとで称賛される有能な経営者は、自分の経営する企業からコストのかかる人間を、いかに多く排除したかによって評価される。尊敬される経営者とは、人間としての共感をもたない無慈悲な経営者なのである。

人間としての尊厳を維持するために、労働組合が賃上げを要求しようものなら、この不況下で常識はずれの人間とレッテルを貼られる。人間らしい生活をするために、経済はあるのではなく、経済のために人間らしい生活を放棄することこそ、神の意志に沿うたものだと罵声が浴びせられる。

破局へのハンドル

エポックに生を受けた人間が、ものごとの点を見誤り、人間らしい生活をするために経済システムが存在することを忘れると、破局への道へとハンドルを切る悲劇がくりひろげられる。実際、一九八〇年代からはじまった、古い時代が腐臭をはなって崩れていくエポックに、ハンドルを切りまちがえたために、悲惨な底なし沼に足を踏み入れたような破局への道に向かいはじめたのである。

一九八〇年代頃から、日本は「構造改革の時代」に突入する。つまり、二〇世紀から二一世紀への世紀転換期に、規制緩和、民営化、行政改革を合言葉にした構造改革に勇壮邁進してきたのである。

もちろん、こうした構造改革の背景には、一九八〇年代からエポックとして転換期にさしかかり、ひとつの時代が終わりを告げたという認識が広く存在していたことはまちがいない。それゆえに、一九八二年から八七年にかけて政権の座に着き、構造改革を推進した中曾根首相は、「戦後体制の総決算」と叫んだのである。

しかし、矢継ぎばやに打ち出される構造改革は、いつも状況を悪化させてしまう。その結果として、一九九〇年代という二〇世紀最後の一〇年を、「失われた一〇年」という悲劇の舞台にしてしまったのである。

規制緩和、民営化、行政改革を合言葉にした構造改革によって、一九九〇年代初頭にはバブルという「一炊の夢」にふけることはできた。一炊の夢とは、趙の都の邯鄲《かんたん》で枕を借りて見た、人生一代の栄華の夢である。日本は趙の都の邯鄲ならぬアメリカのニューヨークで枕を借りて、一世一代の栄華の夢を見ようとしたということができる。しかし、はかない一炊の夢からさめてみれば、そこには失われた一〇年という悪夢のような現実が待ちかまえていたのである。

人間は誰もが過ちをおかす。過ちをおかしたからといって責めることはできない。過ちを責めれば、未来への偉大な冒険の芽を摘むことにもなりかねない。しかし、過ちを素直に認めずに、それを糊塗することは、責められるべき罪である。小さな過ちが、大きな過ちへとふくらんでしまうからである。

日本が一九八〇年代からくりかえしてきた規制緩和、民営化、行政改革をキャッチフレーズにした「小さな政府」をめざす構造改革の結果、悪夢のような現実が生じてしまえば、そうした構造改革が誤った方向にハンドルを切ってしまったことに気がつくべきである。少なくとも誤っていたのではないかと、立ち止まって深慮深く反省する必要がある。

構造改革の結果、生じた悪夢のような現実を前に、過ちを素直に認めずに、詭弁をろうして過ちを糊塗しようとする。構造改革の方向はまちがっていなかったが、もっと激烈に構造改革を断行しなかったから、失政になったのだ、という失政糊塗の論理が展開されていく。失政の罪は「抵抗勢力」にありとして、抵抗勢力が贖罪の山羊とされる。

しかし、こうした失政糊塗の論理は、悪夢のような悲劇を増幅させてしまう。失政糊塗の論理によれば、現実が悪化すればするほど、もっと激烈に構造改革を強行しなかったからだとして、誤った方向の構造改革を、より激烈に断行する運命をたどるからである。

こうした失政糊塗の論理こそが、一九九〇年代に誤った方向の構造改革を失敗しても失敗してもくりかえし、一九九〇年代を失われた一〇年という破局への道に向かってハンドルを切ったエポックにしてしまった。もちろん、新しい世紀の夜明けとともに、小泉内閣がひたすら経済状況を悪化させ、破局へ破局へとハンドルを切る構造改革を、蛮勇をふるって実行しているのも、失政糊塗の論理にもとづいている。

失政に謙虚に学べば、規制緩和、民営化、行政改革を合言葉に実施してきた構造改革が、ハンドルを切り誤った構造改革であったことに気がつくはずである。つまり、「官から民へ」「民できることは民で」をめざし、ひたすら社会の共同経済である財政を縮小させ、「私」の経済である市場経済を拡大させようとする構造改革の方向性がまちがっていたことに考えがおよぶはずである。

民と財政との関係

辞書をひもとけば、誰でもわかるように、「民」には市場あるいは市場経済というような「人間」以外の意味はない。民とは統治される者という意味である。民を市場あるいは市場経済と結びつけるのは、詭弁以外の何物でもない。

財政民主主義といわれるように、財政は民主主義にもとづいて運営されなければならない。「主」とは支配する者を意味する。民主主義とは民つまり統治される者が、主つまり支配する者になることを意味する。

したがって、財政とは、民つまり統治される者が支配する、社会の構成員による共同経済である。財政は官が支配する経済であるなどということは、あってはならない話である。つまり、財政とは歴史的にいえば、封建領主の私的な家計、いいかえれば官が支配する私的な家計を、民が支配する公的家計に改めた、社会の構成員の共同経済なのである。

もしかりに、民で支配すべき財政が官に支配され、官の私的家計に蹂躙されてしまっているのであれば、それを民が支配する公的家計に改革しなければならない。つまり、官から民へではなく、官から公へでなくてはならないはずである。

財政学的アプローチからすると、財政とは社会の構成員が共同負担原則にもとづいて、共同事業を実施する共同経済である。共同経済である財政と、競争原理で営まれる市場経済とは、社会を動かす車の両輪である。共同経済である財政が機能不全におちいれば、市場経済も活性化することはない。

ところが、失政糊塗の論理でくりかえされてきた構造改革は、財政に官というレッテルをはり、ただひたすら財政をダウンサイジングし、民というレッテルをはった市場経済が、社会全体を包摂する競争社会の実現をめざしていく。もちろん、弱肉強食、優勝劣敗の競争原理で営まれる市場経済では、弱者や敗者が排出される。そうした弱者や敗者が辛酸をなめる痛みを、社会の構成員の共同事業として分かちあうことこそ、共同経済としての財政の役割である。

「知恵を出し努力した者」が報われる競争社会をめざす構造改革では、こうした弱者や敗者は、「知恵を出さず努力しなかった者」とみなされる。つまり、神の見えざる手である市場原理の結果は、あるがままにまかせよと放置されてしまう。

国民の誰もが倒産や失業を避けようと、歯を食いしばり、血のにじむような努力をしている。それでも倒産や失業に追いこまれ、弱者や敗者になってしまうのが現実である。それだからこそ、財政による社会の共同事業として、弱者や敗者を救済し、社会の構成員で痛みを広く公平に分かちあう必要がある。

つまり、構造改革の痛みは、社会の構成員である国民が、広くそして公平に、共同経済である財政で分かちあわなければならない。構造改革の痛みが、市場経済で発生してしまうと、倒産や失業として、限られた一部の人間への激痛になってしまう。それは耐えられない激痛である。

ところが、耐えられない激痛だとしても、その痛みは限られた一部の国民に発生する。多くの国民は自分に激痛を受けないかぎりは、痛みを感じない。もしかりに、構造改革の痛みを、すべての国民がひとしく分かちあおうと訴えれば、内閣支持率は低下するにちがいない。激痛が一部の国民に限定されているかぎり、内閣支持率を高く維持することができる。

これは明らかに「いじめの論理」である。自分がいじめの対象にならないかぎり、いじめを見て見ぬふりをする。とはいえ、「いじめ社会」では、人々は身をひそめ、いじめの対象にならないように防衛的に行動する。それだからこそ、人々は貯蓄に走り、消費を控えてしまうのである。

いじめ社会は人間の社会ではない。いじめ社会は暗黒の社会である。学校でのいじめが学級崩壊に帰結するように、社会でのいじめは社会崩壊に帰結する。そのため一九九〇年代は、失われた一〇年として後世に語り継がれることになってしまったのである。

光は希望を、闇は絶望をもたらす。新しい世紀の夜明けに、人々は希望を胸にふくらませた。しかし、新しい世紀の夜明けとともに、明るさではなく、暗黒が訪れることになる。

失政糊塗の論理でいじめ社会をめざす構造改革が、より激烈に断行されていく。人に情をかけてはならない。倒産や失業で苦しむ人々は、知恵もなく努力もしなかった者で、情をかければモラルハザードがはたらき、甘えるだけである。そう教え諭される。

私利私欲を追求する経済人として行動しなければ、神の見えざる手によって敗者の烙印が押されてしまう。人々は涙をこらえ、自己の心情に反した非情な行為に走っていく。自分では非人間的行為だと思っていても、経済人として行動しなければ、社会からいじめを受け、社会から排除されてしまうと恐れるからである。

どんな守銭奴でも、人間である以上、悲しみに涙し、美しさに感動する瞬間がある。しかし、法人企業は涙することも、感動することもない。人間と同じ赤い血が流れていないからである。

人間は身を切れば赤い血が噴き出る。しかし、法人企業は、切っても金が噴き出すことはあっても、赤い血が流れることはない。

法人企業も人間の集団である。それゆえに優秀な経営者は、法人企業に人間の血を流しこもうとする。人間を尊敬する経営、それこそ人間の集団としてのモラール(志気)を高め、経営の効率性を上昇させていく。

しかし、経営者はホモ・サピエンスであってはならない。経済人として、人間である従業員を機械と同じように、コストの対象として眺めなければならない。そうした非情な経営者が優秀な経営者としてたたえられる。

企業が情容赦なく従業員を解雇しているときに、政府が公務員を解雇もせずに、安穏としているべきではない。政府は率先垂範して、行政改革を実施することによって人員整理をすべきだと主張される。公務員を減員して「小さな政府」にする。企業もリストラによって大削減をする。つまり、人間のいない政府、人間のいない企業こそ理想だと考えられてしまう。

「そして誰もいなくなった」という社会は、人間の社会ではない。くりかえせば、人間のために社会があり、経済がある。明らかにハンドルを切りまちがえている。

サッチャーからはじまった

「鉄の女」と畏敬されたマーガレット・サッチャーが、ロンドンのダウニング街一〇番地に居をかまえたのは、一九七九年のことである。しかし、それは戯曲作家ラシーヌでさえ思いも浮かばないシナリオによる、悲劇の開幕だったとは、誰一人知るよしもなかった。つまり、誤った方向へと構造改革のハンドルを切っていく悲劇は、鉄の女サッチャーがイギリスで政権を奪取したことをもって語りはじめなければならないのである。

日本の構造改革を支えている経済政策思想は、「新自由主義」と呼ばれる。そうした新自由主義の旗幟を鮮明にした最初の政権こそ、一九七九年のサッチャー政権である。その後、新自由主義をかかげる政権が、一九八一年にアメリカでレーガン政権として、一九八二年に日本で中曾根政権として誕生していくことになる。

新自由主義を最初にかかげたサッチャー政権の経済政策思想は、「サッチャリズム」と呼ばれる。もちろん、このサッチャリズムは、労働党の社会民主主義的政策思想への対抗戦略であったことにはまちがいない。

しかし、それは返し刀で、保守党の主流派の「バッケリズム(Butskellism)」への挑戦でもあったことを忘れてはならない。バッケリズムとは政敵どうしが同様の政策を支持する状態をいう。

第二次大戦後は程度の差こそあれ、労働党も保守党も「ケインズ的福祉国家」をめざしていた。つまり、第二次大戦後のイギリスでは、ケインズ的福祉国家をめざすという点で、国民的合意が成立していた。

というよりも、第二次大戦後にはアメリカと日本を除く世界の先進諸国が、福祉国家をめざすバッケリズムの状態にあったということができる。日本も遅れて一九七三年には、この年を「福祉元年」として福祉国家へのハンドルを切っていこうとする。しかし、皮肉にも同年に生じた石油ショックで、福祉国家をめざす決意も、すぐに動揺していくことになる。

こうしたバッケリズムとしてのケインズ的福祉国家に対して、サッチャー政権はまっこうから対決していく。サッチャリズムとは、完全雇用、福祉充実、国営化、労働組合との協調を基軸として第二次大戦後のイギリスに浸透していた「イギリスの戦後体制」への挑戦だったのである。

サッチャリズムは、スタグフレーションという現象を前に、なすすべもなく立ちすくんでいるケインズ的福祉国家を根底から批判し、民営化、規制緩和、行政改革による「最小限国家(the minimal State)」を主張する。ケインズ的福祉国家こそインフレーションや生産性の低下を招き、完全雇用さえ維持することすら不可能となっていると批判したのである。

しかし、サッチャリズムはケインズ経済学に対抗するマネタリストの思想にいろどられ、新しい化粧をほどこしているとはいえ、一八世紀後半から一九世紀前半にイギリスで一世を風靡した古典派経済学の復活にすぎないといえる。アダム・スミスを始祖とする古典派経済学が、黄泉《よみ》の国からよみがえったのだ。

一八世紀から一九世紀への世紀転換期にも、古典派経済学をバックボーンにして規制緩和、民営化、行政改革の熱狂の嵐が吹き荒れた。重商主義国家の規制を廃止し、官営会社や特権会社を解体し、行政機構の改革が実施されていった。まさに「官から民へ」の改革であり、そうした改革によって市場社会が創出されていった。

とはいえ、あくまでも構造改革の対象となった国家は、福祉国家ではない。重商主義国家である。「朕は国家なり」という言葉にしめされるように、それは国王の私的国家にすぎない。統治される者が支配する者である国家とはいいがたい。

このように、重商主義国家を構造改革して、市場社会を創出しようとした自由主義思想は、古典派経済学に裏打ちされていた。

サッチャリズムは、古色蒼然とした自由主義思想の復活なのである。

ところが、この古色蒼然とした経済政策思想が、イギリスでは熱狂的支持を得ていくことになる。というのも、一八世紀から一九世紀に採用された自由主義的政策こそが、大英帝国の栄光をもたらしたことは、イギリスでは幼いころから、いやというほど脳裏にたたきこまれているからである。

もっとも、サッチャリズムが受け入れられていく条件は、イギリスに固有な「栄光へのノスタルジア」だけではない。ケインズ的福祉国家というひとつの時代が終わりを告げ、エポックに突入していたからである。

租税改革でインフレ抑制

当時、フランスの経済学者フーラスティエが「栄光の三〇年」と名づけた第二次大戦後の高度成長は、晩鐘を鳴らしていた。第二次大戦後に先進国がケインズ的福祉国家をめざしつつ実現してきた高度成長の時代は終わり、生産性上昇率も低下傾向をたどりはじめていく。失業率も高い水準のままであるばかりか、物価上昇も加速していた。経済停滞のもとでのインフレーション、つまりスタグフレーションが生じていたのである。

サッチャー政権が挑まなければならなかった政策課題は、スタグフレーションの解決であり、

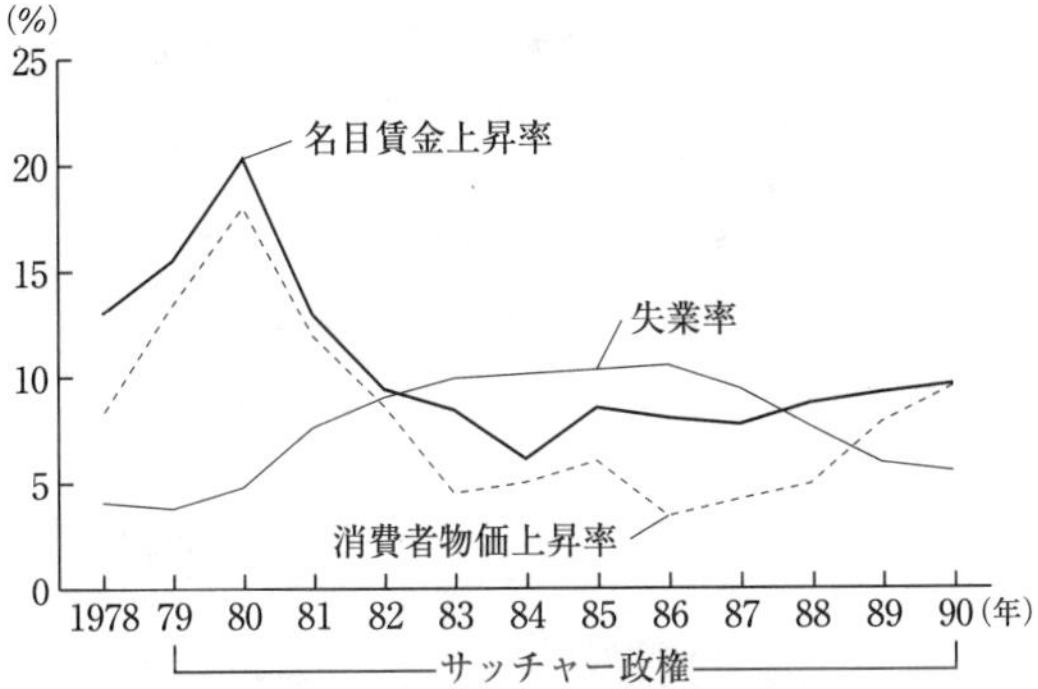

図 2.1 サッチャー政権下での消費者物価上昇率、名目賃金上昇率，失業率の推移(財務省資料による)

新自由主義の政策思想によって、課題に対応しようとしたのである。

政権が成立した一九七九年以降の消費者物価の動向をみると、政権成立とともに急速に低下に向かい、九〇年までつづく政権下では安定的に推移していることがわかる(図2・1)。したがって、サッチャーはインフレーションの抑制という政策課題に対しては、その解決に成功したと評価することができる。しかし、インフレーションの抑制の成功は、皮肉にも新自由主義への背教の結果なのである。

サッチャーは、政権前の三五・二%から約四〇%へと、租税負担率を引き上げている(図2・2)。つまり、サッチャーは「最小限国家」という小さな政府を新自由主義の政策思想としてかかげながら、租税負担率を増加させることによってインフレーションの抑制に成

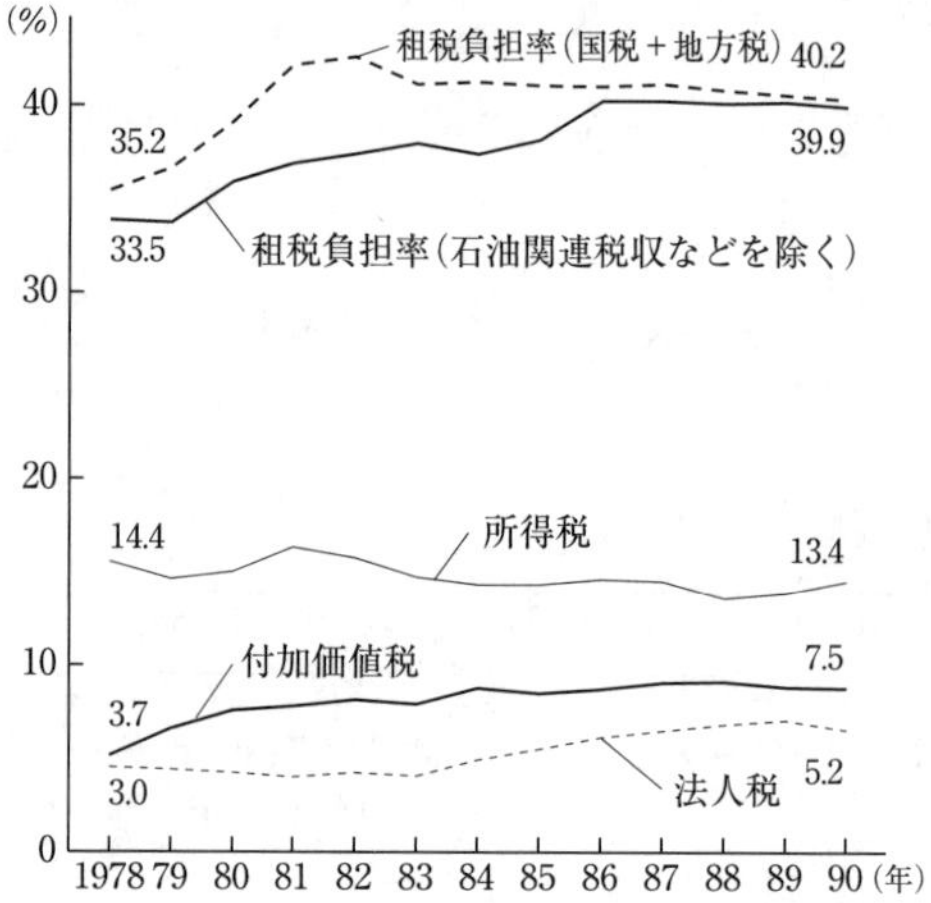

図 2. 2　イギリスの租税負担率(対国民所得比)の推移(1978〜90 年．財務省資料による)

功したのである。

しかし、新自由主義の経済思想からいえば、租税負担率を引き上げれば、経済停滞を招いてしまうはずである。

スタグフレーションこそケインズ的福祉国家の産物である、と批判する新自由主義の経済思想からすれば、インフレーションとともに経済停滞にも挑戦しなければならない。ところが、租税負担率を上昇させることは、そうした新自由主義の経済思想に背反することになってしまう。

サッチャー政権が採用した経済活性化のための租税政策は、租税負担率を引き下げることではなかった。負担率を引き下げるのではなく、負担構造を変革することだった。具体的には、租税負担を富裕階層から貧困階層にシフトさせることによって、経済活性化をはたそうとしたのである。そのため、所得課税から消費課税へシフトさせていく。

「所得から消費へ」が新自由主義の税制改革の合言葉である。もちろん、新自由主義の敬虔な信徒である日本でも、税制改革といえば「所得から消費へ」あるいは「直間比率の是正」という新自由主義の合言葉がリフレインされていくことになる。

サッチャーは、一九七九年の税制改革では、二五〜八三％の一一段階の税率で課税していた所得税を、最高税率を引き下げ、二五〜六〇％の七段階で課税する税率構造に改めた。さらに八八年には、所得税の最高税率を六〇％から一挙に四〇％にまで引き下げた。しかも、税率の段階も二五％と四〇％という二段階にするという画期的な改革を実施したのである。

逆に、日本の消費税に相当する付加価値税は、一九七九年の税制改革で、税率を八％から一挙に一五％にまで引き上げた。さらに、八一年の改革では個別間接税の増税を実施した。

しかし、こうした消費課税による経済の活性化という租税思想は、サッチャーが師とあがめるアダム・スミスの教えへの背教である。というよりも、アダム・スミスが批判してやまなかった、市場経済を人為的に育成しようとする重商主義の教えなのである。

重商主義者テンツェルの「消費税の中に見出された金鉱」という格言は、重商主義の消費税

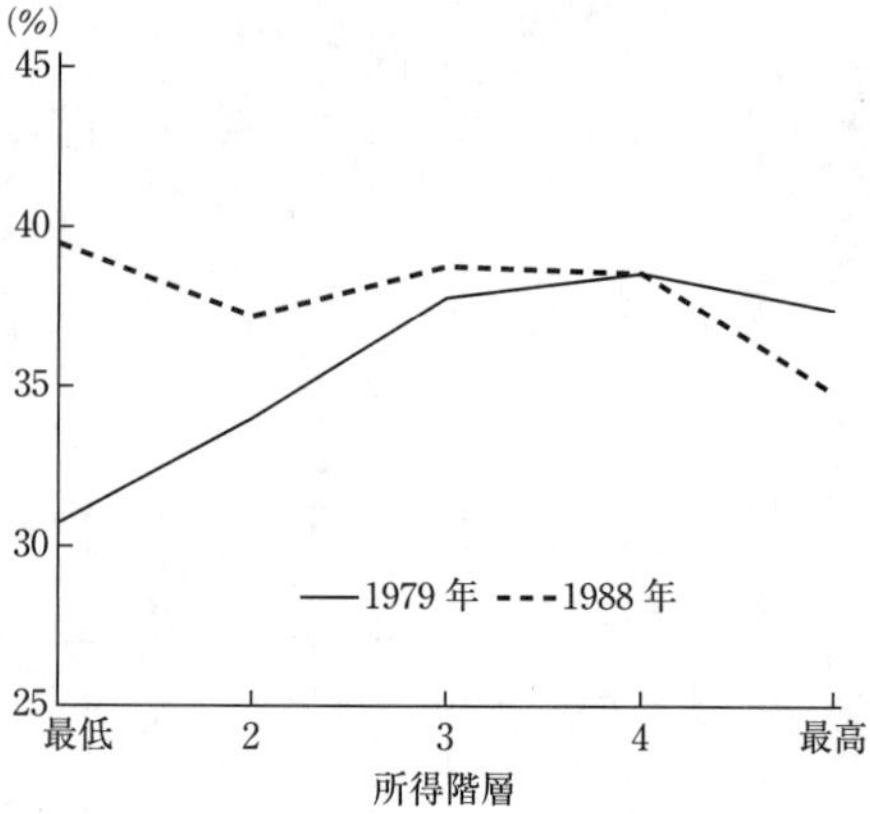

図2. 3　イギリスの所得階層別租税負担率（1979年と88年の比較．スタインモ，1993による）

礼讃論をみごとに表現している。日本でも、俗流経済学者が新しい思想であるかのごとく口ずさむ消費税礼讃論は、殖産興業の重商主義思想の復活にすぎないのである。

「所得から消費へ」を合言葉に実施された新自由主義的税制改革の結果、租税負担構造はどのように変化したのだろうか（図2・3）。この図には、租税負担から、政府より付与される現金給付を差し引いて表示してある。

所得階層別の租税負担率の変化をみると、サッチャー政権が成立した一九七九年にくらべて、八八年には低額所得者の租税負担は激増し、高額所得者の租税負担が減少していることがわかる。つまり、サッチャー政権は租税負担を富裕階層から貧困階層に大きくシフトさせる租税改革をおこなったのである。

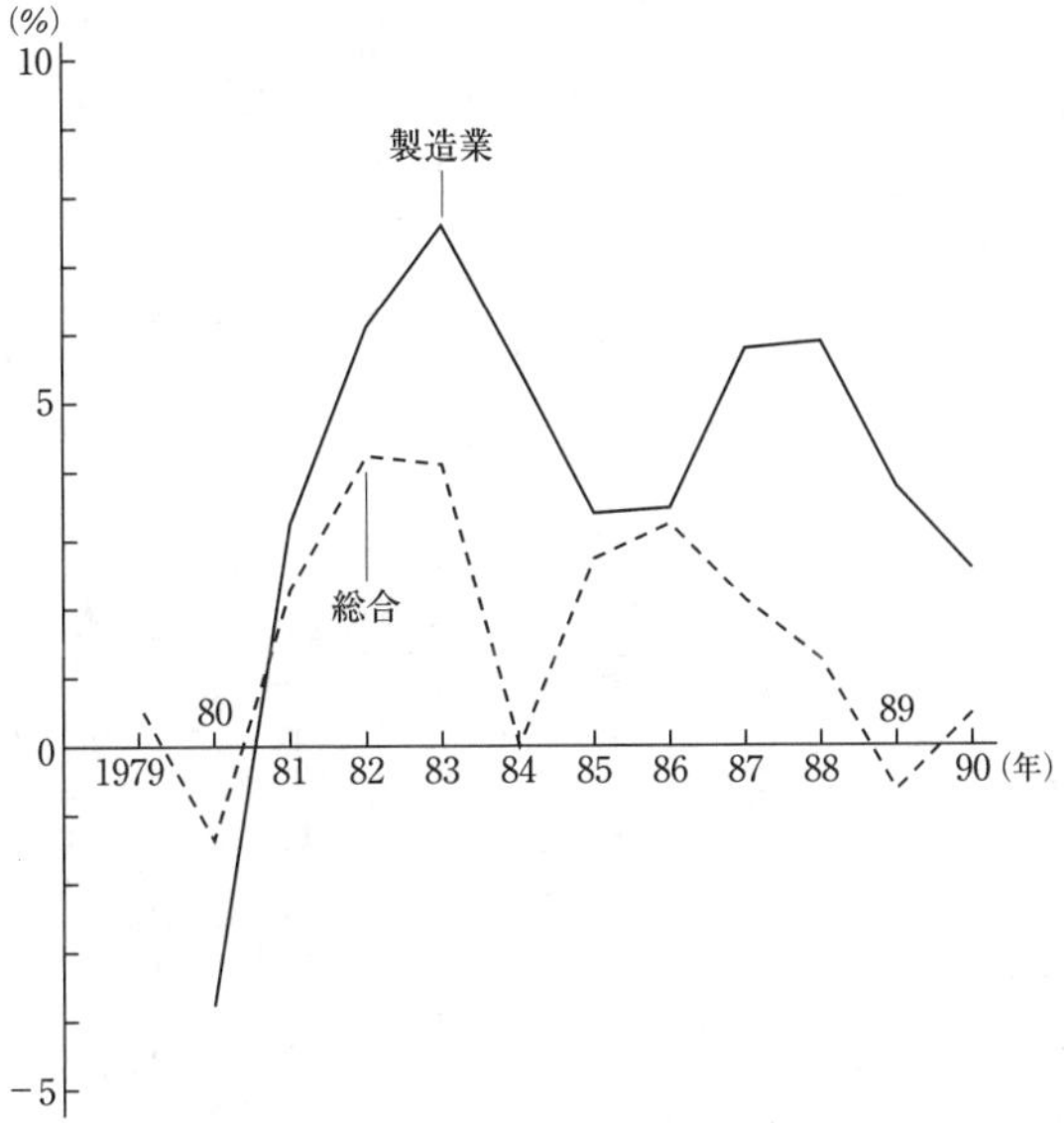

図 2. 4　イギリスの労働生産性上昇率の推移(1979〜90年. 財務省資料による)

生産性向上だが産出高低下

租税負担構造を変化させることによって、経済はほんとうに活性化したのだろうか。たしかに、労働生産性は生産高でも製造業でも上昇している(図2・4)。このかぎりでサッチャリズムは製造業を含め、労働生産性の向上には成功したということができる。

ところが、産出高の成長率をみると、サッチャー政権期を含む一九七九〜九五年は、全産業だと平均一・八%である。六〇〜七三年の全産業の産出高の年平均成長率は、三・二%にも達している。しかも、七九〜九五年の製造業の産出高の年平均成長率は、わずか〇・三％にすぎない。六〇〜七三年の製造業の産出高の年平均成長率は三・一％であり、明らかにサッチャー政権下での製造業の産出高は下降傾向にあった。労働生産性は上昇したけれども、産出高をみると下降傾向にあり、とくに製造業でいちじるしいということができる。

サッチャー政権は製造業の生産性向上を、「イギリス経済の奇跡」とたたえている。しかし、製造業の生産性向上は、産出高の下降傾向と同時進行のドラマであった。つまり、サッチャー政権下の生産性向上は、投資抑制と低い生産水準のもとで実現していたのである。

ということは、サッチャー政権下の生産性向上は、技術革新を基軸とする積極的な設備投資の拡大よりも、消極的な減量経営の成果として生じていることを意味している。つまり、それはイノベーションに果敢にチャレンジした企業が報われたのではなく、容赦なく人員整理した「無慈悲な企業」の勝利だったのである。

失業と倒産の増大

ここまでみてきたように、表舞台で演じられるドラマでは、インフレーションの抑制と生産性向上に成功した。しかし、裏舞台では、失業率が増大していた(図2・1参照)。もちろん、倒産件数も増加した。一九七九〜九二年に、倒産件数は驚くべきことに五倍にも達していたのである(図2・5)。

倒産や失業で職を失った者でも、金融業などの高額所得の職務に就いたものもいることにはいる。しかし、失業者の多くは、就職することができたとしても、サービス業などの低賃金での臨時雇用に追いやられていった。

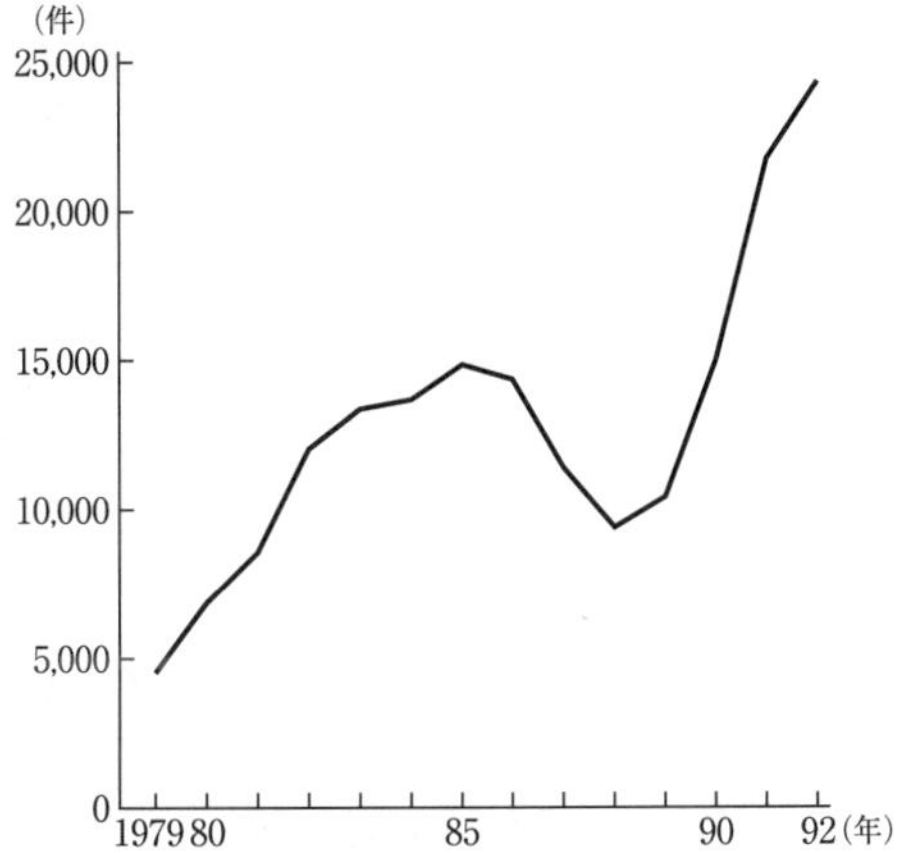

図 2. 5 イギリスの倒産件数の推移(1979〜92年. 財務省資料による)

このように失業や倒産が増加し、しかも租税負担を富裕階層から貧困階層にシフトさせていけば、所得間格差は拡大していく。サッチャー政権が成立する一九七九年までのイギリスの所得不平等度は低下傾向をたどっていた。ところが、サッチャー政権が成立すると、所得不平等度は急激に悪化し、いずれの先進諸国をも上まわってしまう。

所得間格差が急速に拡大すれば、社会統合

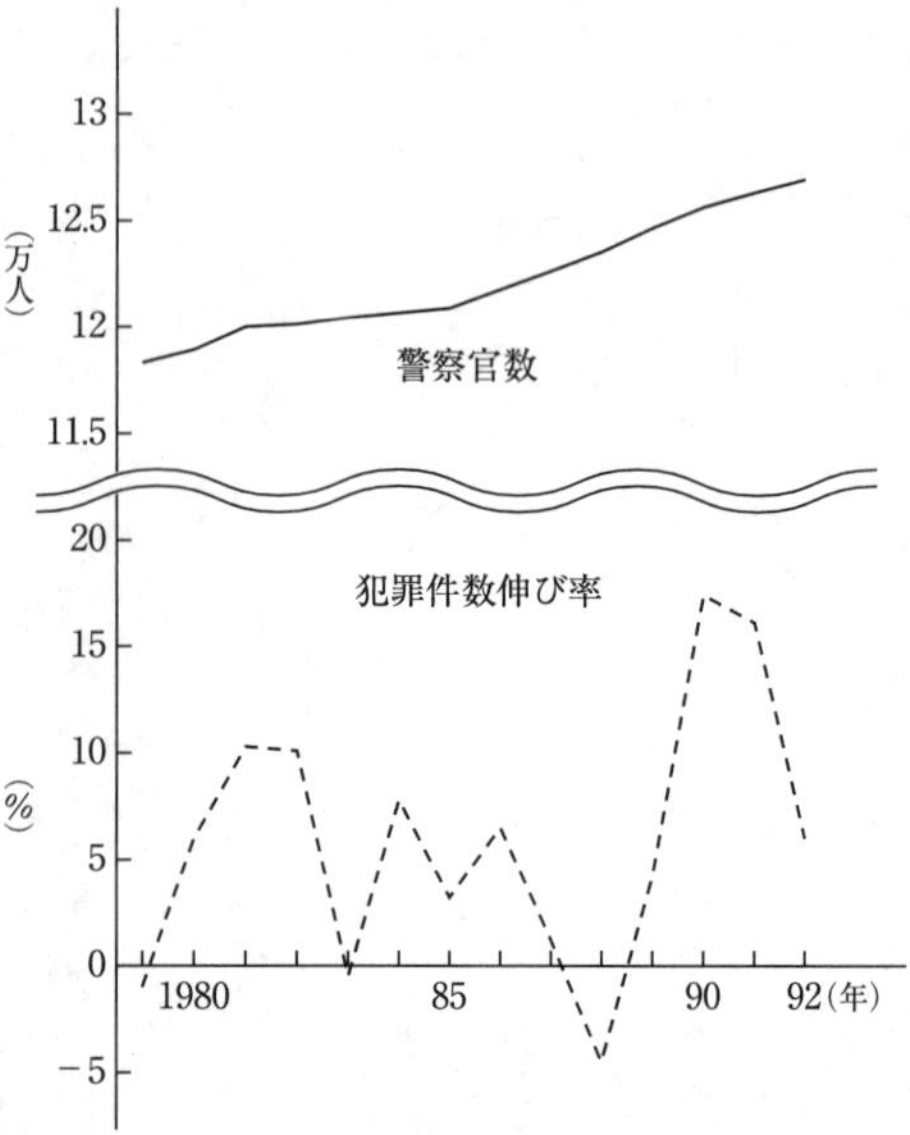

図 2. 6　イギリスの警察官数と犯罪件数伸び率の推移(1979〜90 年. 財務省資料による)

に亀裂がとうぜん生ずる。サッチャー政権下で警察官の人員を増加させているにもかかわらず、犯罪件数は記録的な増加をしめしていく(図2・6)。

イギリスはヨーロッパでももっとも収監比率の高い国、という汚名を甘受せざるをえなくなる。グレイは「特定の方向性をもたない市場の力によって共同体が荒廃し、その結果、経済的不安感が広範に行きわたった」が、「これこそは、一九世紀初頭以来の国民の生活において、おそらく比較にならないほどに犯罪が蔓延した決定的な要因である」と慨嘆したのである。

所得間格差が拡大するために生ずるのは、社会的病理現象だけではない。人間そのものの健康もおびやかされ、人間そのものの病理現象が蔓延する。

常識的に考えれば、所得間格差が拡大すれば、貧困階層の健康状態は悪化するにしても、富裕階層の健康状態は向上しそうである。しかし、所得間格差が拡大すると、社会全体の健康状態が悪化してしまう。ウィルキンソンは一九八〇年代にイギリスの所得不平等が拡大するにつれ、平等な所得分配が実現している他国と比較して、イギリス国民の健康状態が悪化していくことを明らかにしている。

財政を破壊した

こうして新自由主義は人間の生活を破壊し、人間の生活の安全をおびやかしていく。しかも、市場経済によって破壊される恐れのある人間の生活を保護する使命を担っている財政をも破壊してしまうのである。

サッチャー政権下でイギリスは、物的資本および人的資本としての社会資本整備が進まなくなる。とりわけ研究開発、教育訓練、職業訓練で他の先進諸国に遅れをとっていく。しかも、グラハムが主張するように、公共部門ではたらく公務員が、モラール(志気)とモラル(倫理)を喪失していった。

日本でも同様の状態にあるが、公務員が「公務」の使命感に燃えていても、つねに「悪」のレッテルをはられれば、志気と倫理を喪失するのはとうぜんである。教育支出を増加させても教育水準は低下し、健康サービスに多額の資金を投入しても改善されることはなかった。さらには金融のメッカであるシティが買収した公企業でも、倫理の低下が賄賂の増大を招き、公教育や公共放送における倫理の低下が不断の攻撃にさらされている。

もちろん、新自由主義も、小さな政府をとなえ、財政という共同経済を縮小してしまえば、社会統合に亀裂が生じることぐらい百も承知している。一九世紀の初頭にイギリスが自由主義を謳歌していた時代には、家族や地域社会の相互扶助や共同作業という助けあいが十分に機能していた。

それだからこそサッチャーは「ビクトリアの美徳」を説く。つまり、家族のきずなや地域社会のきずなの重要性を強調する。そうすれば、家族や地域社会が社会崩壊を予防してくれるはずだからである。

しかし、いくら恋こがれても、ビクトリアの時代に逆もどりすることはできない。ビクトリア時代の強力に機能する家族と地域社会は、いまでは現実には存在しないお伽話にすぎないのである。

そこで新自由主義は、攻撃の鉾先を、財政による所得再分配機能や社会福祉政策に向けていく。つまり、財政による所得再分配機能や社会福祉政策こそが、家族や地域社会の責任を破壊していると主張したのである。それは、財政が所得再分配政策や社会福祉政策から撤退すれば、ビクトリア時代の家族や地域社会における協力が自発的に芽生えると想定していたといっていい。

たしかに、ホモ・サピエンスとしての人間は、利己心とともに他者との共感という本性をそなえたアンビバレントな存在であることは、アダム・スミスも理解していた。それだからこそ、アダム・スミスは経済学とともに財政学をも展開した。

しかし、新自由主義の経済人という人間観からは、人間が連帯と協力を求める社会的欲求をそなえた存在だという理解は出てこない。人間は自己利益のみを追求する経済人で、他者と共感する人間としては想定していないのだから。

新自由主義は、人間が自然状態では経済人だと考え、神の見えざる手に運命をゆだねなければならない、と説いている。したがって、人間を自然状態にしておけば、家族や地域社会が生じるという想定は、新自由主義では論理矛盾となる。

人頭税の導入とサッチャーの退場

サッチャーが師と仰ぐアダム・スミスに対する背教は、「コミュニティ・チャージ」と名づけられた人頭税の導入で、極に達する。サッチャーは一九八九年にスコットランドで、九〇年にはイングランドとウェールズで人頭税を導入する。

アダム・スミスは、人頭税を最悪の租税として言下に退けている。とはいえ、人間を経済人だというプリズムを通してしか社会をながめることのできない、新自由主義の信奉者には、利己心とともに共感という本性をそなえた、アンビバレントな存在として人間を理解していた、アダム・スミスの言葉の重みを理解することはできない。

歴史は教訓を語ることはない。しかし、歴史から教訓を学ばない者は、かならず歴史によって断罪される。

一四世紀後半に大法官としてイギリスを統治していたカンタベリー大司教は、一三八一年に人頭税を導入する。この人頭税に対する憎悪の火は、ワット・タイラーの反乱となって燃えさかる。ワット・タイラーの反乱軍は怒濤のごとくに荒れ狂い、ロンドンを一挙に制圧してしまう。カンタベリー大司教はタワー・ヒルで斬首され、非業の最期を遂げている。

歴史から教訓を学ばなかったサッチャーは、人頭税を導入した。とうぜんのことながら、ロンドンでは大暴動が荒れ狂った。とはいえ、サッチャーはカンタベリー大司教のように斬首される憂き目にはあわずにすんだ。

断罪とは罪を裁くこととともに、斬首の刑をも意味する。たしかに、サッチャーは斬首は免れたけれども、歴史によって断罪され、深い憎しみを浴びながら歴史の舞台から姿を消していったのである。

新自由主義の伝播

それでも、新自由主義の経済思想は、黒い谷間でわびしく野垂れ死んだわけではない。規制緩和と民営化、それに小さな政府をめざす新自由主義は、一九七九年に成立したサッチャー政権を皮切りに、アングロ・アメリカン系諸国に伝播していく。

八一年にアメリカで成立したレーガン政権の「レーガノミックス」として、また八二年に日本で成立した中曾根政権の「新国家主義」として、新自由主義は広がっていく。新自由主義が新国家主義と表現されることには違和感があるかもしれない。しかし、市場主義とは国家主義との親和なしには成立しないのである。

それはサッチャーにしろ、レーガンにしろ、自他ともに許す国家主義者であったことを想起してもらえば、容易に理解できるはずである。市場は国家の暴力による強制力なしには機能しない。国家が暴力によって強制することなしには、神が等しく与えたもうた土地という自然に所有権を設定することはできない。もちろん、所有権が設定されなければ、市場で取引をすることはできない。

市場主義は、国家が暴力を行使する組織として純化していることを主張しているにすぎない。つまり、市場主義は暴力的には強い国家を要求する。「経済人」は、暴力的な「政治人」との幸福な結婚なしには、社会を築くことはできないのである。

レーガン政権も「強いアメリカ」とともに、小さな政府をめざして、所得税と法人税の減税を実施していく。一九八一年の税制改革では、一四〜七〇％の一五段階で課税されていた所得税が、一五〜五〇％までの一四段階での課税へと改正される。さらに、法人税でも租税優遇措置を拡大する政策減税が、大盤ぶるまいされていく。

すでに述べたように、サッチャー政権は租税負担率を引き上げてはいない。租税負担構造を富裕階層から貧困階層へとシフトさせただけである。

ところが、レーガン政権は減税を実施して、小さな政府をめざした。もちろん、福祉国家という大きな政府を実現したところで、インフレーションと生産性の低下という好ましくない結果をもたらすだけでなく、完全雇用を維持することすら不可能であるという、新自由主義のイデオロギーにもとづいてである。

しかし、アメリカは福祉国家でも大きな政府でもない。先進諸国のなかでは日本と肩を並べる小さな政府である。アメリカも、福祉サービスを供給していないわけではないが、それは福祉国家というには顔が赤面してしまうような、雀の涙ほどの福祉サービスなのである。

したがって、小さな政府をめざすために削減対象となる福祉サービスあるいは社会サービスは、どうしてもミーンズテスト(資産チェック)などで貧困階層に限定して供給している、選別主義的な福祉サービスに限られてしまう。しかし、そうした限られた社会サービスを削減することはむずかしい。レーガン政権は、カーター政権よりも社会サービス関連支出を一七%も削減するという勇ましいかけ声とは裏腹に、実際には一〇%の削減にとどまっていたのである。

このように社会サービスなどの削減が進まないうえに、「強いアメリカ」をとなえて軍事関連支出を増加させ、すでに述べたように、大幅な減税も実施したのである。そうなれば財政収支は破綻せざるをえない。レーガン政権の成立とともに、アメリカの財政赤字は一挙に破綻状態をしめすまでに膨張したのである。

くりかえすと、サッチャー政権は減税をして小さな政府をめざしたわけではない。国営企業の民営化を推進して、小さな政府をめざしたのである。

ところが、レーガン政権は国営企業の民営化を推進したわけではない。というのも、アメリカは民営化をしようにも、国営企業そのものが先進諸国のなかでは異常に少ない国だったからである(五七ページ図2・8参照)。

もちろん、それはアメリカが福祉国家とはいいがたい、大きな政府ではないことと関連している。同時にそれは、第二次大戦という総力戦の戦い方に関連していたのである。

総力戦を戦うには国民経済の経済力を、戦争へと総動員しなくてはならない。それゆえに総力戦なのである。ヨーロッパ諸国は総力戦に経済力を動員するために、民間企業を国営企業にすることにした。そのためヨーロッパでは重化学工業で国営企業が増大する。ところが、日本は電力会社を国営企業にすることに失敗してしまう。そこで重化学工業の民間企業を国営化するのではなく、経済統制によって総力戦を戦うための経済動員をはかったのである。

その結果として日本は国営企業は少ないが、規制が多く、逆にヨーロッパでは規制は少ないが、国営企業が多く存在することになった。したがって、イギリスでは規制緩和と民営化といっても、民営化が中心にならざるをえないのである。

アメリカの経済力は豊かで、総力戦を余裕をもって戦っていた。さしたる規制も、民間企業の国営化も実施したわけではない。財政を膨張させれば、市場原理で戦えたといってもいいすぎではない。そのため現在でも規制も国営企業も少ない。民営化を実施しようにも、国営企業そのものが少ないのである。

こうした相違があるにもかかわらず、同じ新自由主義がイギリス、アメリカ、日本で、第二次大戦後に成立した「戦後体制」を打破するイデオロギーとして受容されていく背景には、市場経済のグローバル化・ボーダレス化がある。

租税政策でいえば、第二次大戦期の戦時財政によって、所得税・法人税中心主義の税制ができあがっていく。第二次大戦後に定着した戦後税制は、こうした高税率の戦時税制を恒常化した税制といえる。高負担の所得税・法人税を中心とする税制は、経済政策や社会政策の手段として正当化されていく。つまり、経済安定化の手段としても、所得再分配機能としても、すぐれているとして弁証されたのである。

しかし、経済政策や社会政策の手段として活用されたために、所得税・法人税を中心とする戦後税制は抜け穴だらけになっていた。租税制度は「金持ちのための福祉制度」であるというハリントンの言葉は、大衆の心情を代弁していたのである。

しかし、一九八〇年代には不公平税制の是正が問題になっていたにもかかわらず、そうした方向ではなく、新自由主義に先導された正反対の方向に進んでいく。その動因は市場経済のボーダレス化にある。課税の公平は、経済活性化をあおる大合唱の前に掻き消されていく。つまり、ボーダレス化に対応した国際競争力を強化する課税制度が前面に出ていくことになる。

従来の制度では、高額所得を構成する資本所得に課税するには、所得税と法人税による課税を強化すればいい。累進税率で課税される所得税は、高額所得を累進税率によって重く課税することで、資本所得を捕捉することができたのである。

ところが、市場経済のボーダレス化によって、資本統制がつぎつぎに解除されていくと、累進所得税や法人税によって資本所得の課税を強化することが困難となる。所得税の累進税率を高めたり、法人税の税率を高めたりすれば、資本は一瞬のうちに海外へとフライトしてしまうからである。

制度論的政治経済学の旗手スタインモは、八〇年代における経済システムのグローバル化にともなう租税政策の変化をみごとに描いている。スタインモによると、八〇年代を契機に経済成長率と租税負担率との関係が激変している(図2・7)。

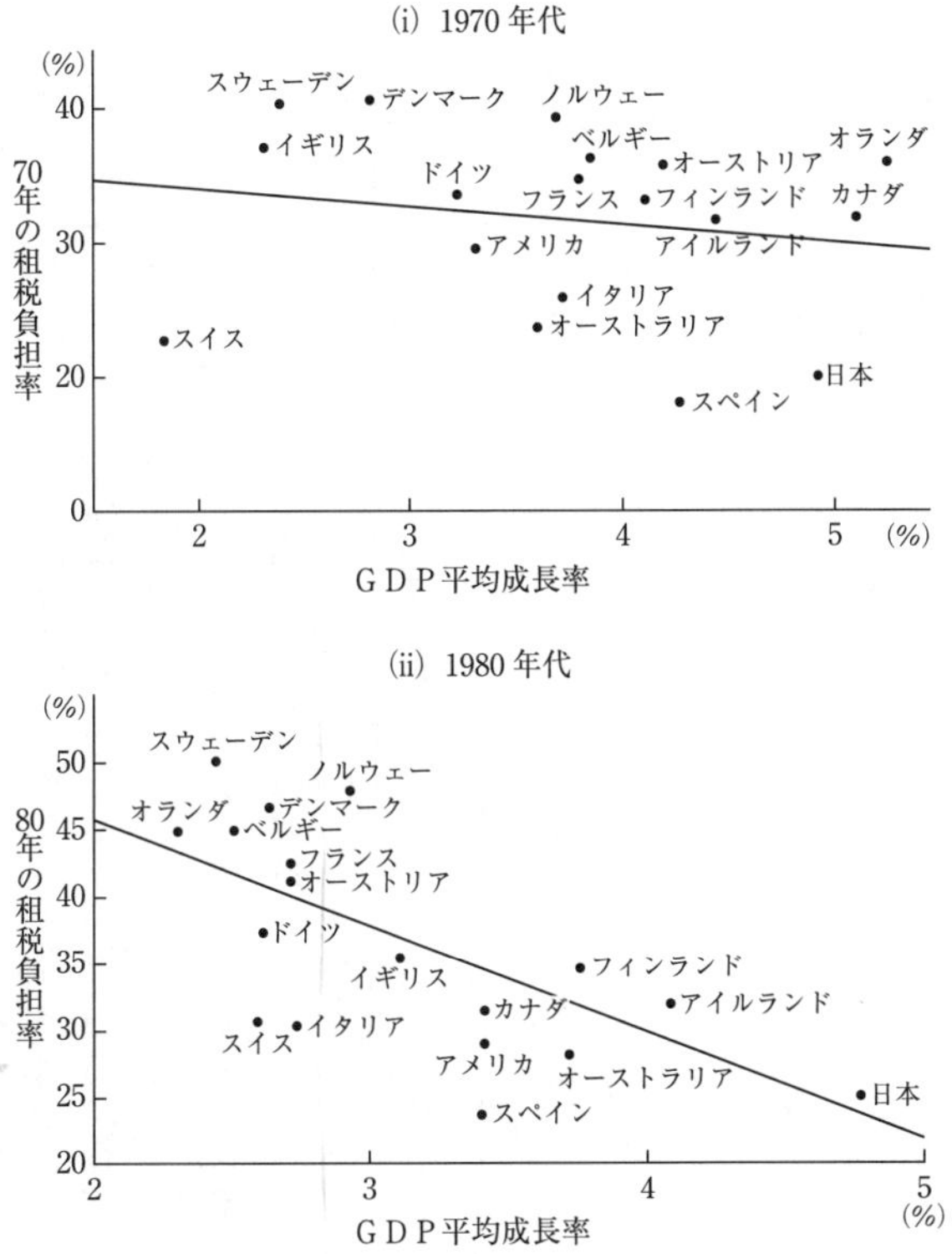

図2.7 各国の租税負担率と経済成長率(1970年代と80年代. スタインモ, 1995による)

七〇年代では、経済成長率と租税負担率とのあいだに相関関係はなかった。ところが、八〇年代になると、租税負担率が高ければ経済成長率は低くなる、租税負担率が低ければ経済成長率は高くなる、という逆相関関係が生じたのである。

こうした変化は、八〇年代になって、市場経済のボーダレス化が進んだ結果である。つまり、すでに述べたように、金融自由化が進み、租税負担率を高くすれば、資本は一瞬のうちに租税負担率の低い国民国家へとフライトしてしまうからである。

そこで、所得税の累進税率や法人税の税率を低める新自由主義思想が受容されていく。こうして八〇年代の税制改革の合言葉は、「広く薄い負担に」「所得から消費へ」という新自由主義スローガンが支配してしまうのである。

Yの悲劇

エラリー・クインの珠玉の名作に『Yの悲劇』というミステリーがある。子どもが父親の描いたシナリオどおりに殺人を犯していくというミステリーである。もっとも、子どもの能力には限界があり、父親の描いたシナリオどおりには実行できないというストーリーになっている。

日本の構造改革は「Yの悲劇」である。間宮陽介教授(京都大学)の言葉を借りると、中曾根政権にはじまる日本の構造改革は、このように表現することができる。

サッチャーやレーガンの新自由主義を信仰し、新自由主義のシナリオどおりに悲劇を犯していく。しかし、シナリオどおりには実行できずに、悲劇が悲劇を呼んでいく。

日本の構造改革は、サッチャリズムやレーガノミックスのシナリオどおりに、規制緩和、民営化、行政改革あるいは税制改革を実施して、「小さな政府」をめざそうとする。中曾根政権が成立すると、売上税という名の付加価値税の導入をめざして、サッチャーの税制改革と同じく、直間比率の是正をめざしていく。しかし、所得税や法人税という直接税中心主義の戦後体制を抜本的に改革していくと意気ごんだ「抜本的税制改革」も、売上税の導入には失敗してしまう。

売上税は、竹下政権下で消費税として導入される。この消費税によって、サッチャー政権のめざした租税負担構造の変革に近い成果はあげられたといえるかもしれない。

しかし、「所得から消費へ」のかけ声のもとに実施される税制改革は、いつも所得税と法人税の減税が先行する。消費税の導入や消費税の増税は、所得税や法人税の大幅減税のほんの一部をつぐなったにすぎない。

サッチャー政権は租税負担を引き上げて、租税負担構造を変革している。ところが、日本は租税負担を引き下げて、租税負担構造を変革している。租税負担構造の変革は、もっぱら所得税や法人税の減税によって実現したといってもいいすぎではない。

それはレーガン政権の政策に酷似している。レーガン政権は、減税政策によって財政破綻という地獄をみる。日本も減税政策の連続によって、財政破綻という奈落の苦しみを味わうことになる。

サッチャーのシナリオどおりに、日本も国営企業の民営化に乗り出していく。サッチャー政権が成立する以前の一九七八年でみると、イギリスでは郵便、交通、通信、エネルギーに加え、重化学工業も多くの分野が公的企業に担われている。これに対して日本では、公的企業のウェイトがいちじるしく低い(図2・8)。

こうした相違は、すでに説明したように、総力戦における経済動員の方法に起因している。アメリカと同様に日本も、民営化を実施したときにも、国営企業が限定されている。

そこで日本の民営化の中心は、鉄道と通信におかれることになった。アメリカは逆に鉄道を公有化している。

たしかに、鉄道が民営化され、公共の広場となっていた駅は一変して「金もうけの広場」と化した。駅に一歩足を踏み入れると、地獄の沙汰も金しだいということを実感として味わうこ

国＼産業	郵便	電信・電話	電力	ガス	石油生産	石炭	鉄道	航空	自動車	鉄鋼	造船
イギリス	●	●	●	●	◔	●	●	◕	◑	◕	●
フランス	●	●	●	●	–	●	●	◕	◑	◕	○
西ドイツ	●	●	◕	◑	◔	◑	●	●	◔	○	◔
オーストリア	●	●	●	●	●	●	●	●	●	●	–
スウェーデン	●	●	◑	●	–	–	●	◑	○	◕	◕
アメリカ	●	○	◔	○	○	○	◔	○	○	○	○
日本	●	●	○	○	–	○	◕	◔	○	○	○

公的所有：● 全部またはほとんど全部，◕ 75%，◑ 50%，◔ 25%
私的所有：○ 全部またはほとんど全部

図 2.8　各国産業にしめる公的所有の割合（1987 年，遠山嘉博『現代公企業総論』東洋経済新報社による）

とができる。人間の生理現象を処理する洗面所などは、陰に隠れて所在すらわからない。本来の鉄道業務には人員が配置されなくなり、安全運行すら確保されているのかどうか疑わしい。

民営化する国営企業が少ないために、日本では、社会の構成員の共同事業として実施されるべき事業も、民間活力の活用という名のもとに、租税という共同負担によらずに実施されていく。

道路は、租税を使って、社会の構成員の共同事業として実施されるのが、ヨーロッパの常識である。イギリスでも有料橋はあるが、有料道路は聞いたことがない。租税で無料の道路を共同事業として建設すれば、物流がさかんになり、活性化した経済から税収も上がってくる。

ところが、日本では有料道路が走り回る。それがかえって無駄を生んでしまう。かりに、民間活力を利用せずに、租税で東京湾横断道路を建設するといえば、国民はこれに同意したとは思えない。民間活力ではないが、租税で本四架橋を建設するといえば、三つの橋の建設に国民は同意したとは思えない。

日本は、アメリカと肩を並べる小さな政府である。福祉国家をめざしはじめたのは、「福祉元年」といわれる一九七三年のことである。国営企業も少なく、イギリスのようなケインズ的福祉国家と呼べるほどの大きな政府ではない。

社会サービスも少なく、小さな政府であるがゆえに、多くの規制を設けている。住宅も福祉国家であれば、社会サービスとして供給すべきところを、借地法や借家法という規制によって代替してきたのである。

それを、サッチャリズムのシナリオどおりに悲劇を実施しようとすれば、「Yの悲劇」は避けられない。一九八〇年代の後半以降、新自由主義的税制改革がくりかえされてきた結果、租税負担率はアメリカをも大きく下まわり、先進諸国のなかでは異常に低い国となってしまっている(図2・9)。租税負担率の高い国として知られるスウェーデンと比較すれば、驚くべきことに、その半分にも達しない租税負担率なのである。

日本はすでに小さな政府となってしまっている。たしかに、日本は直間比率が高い国である

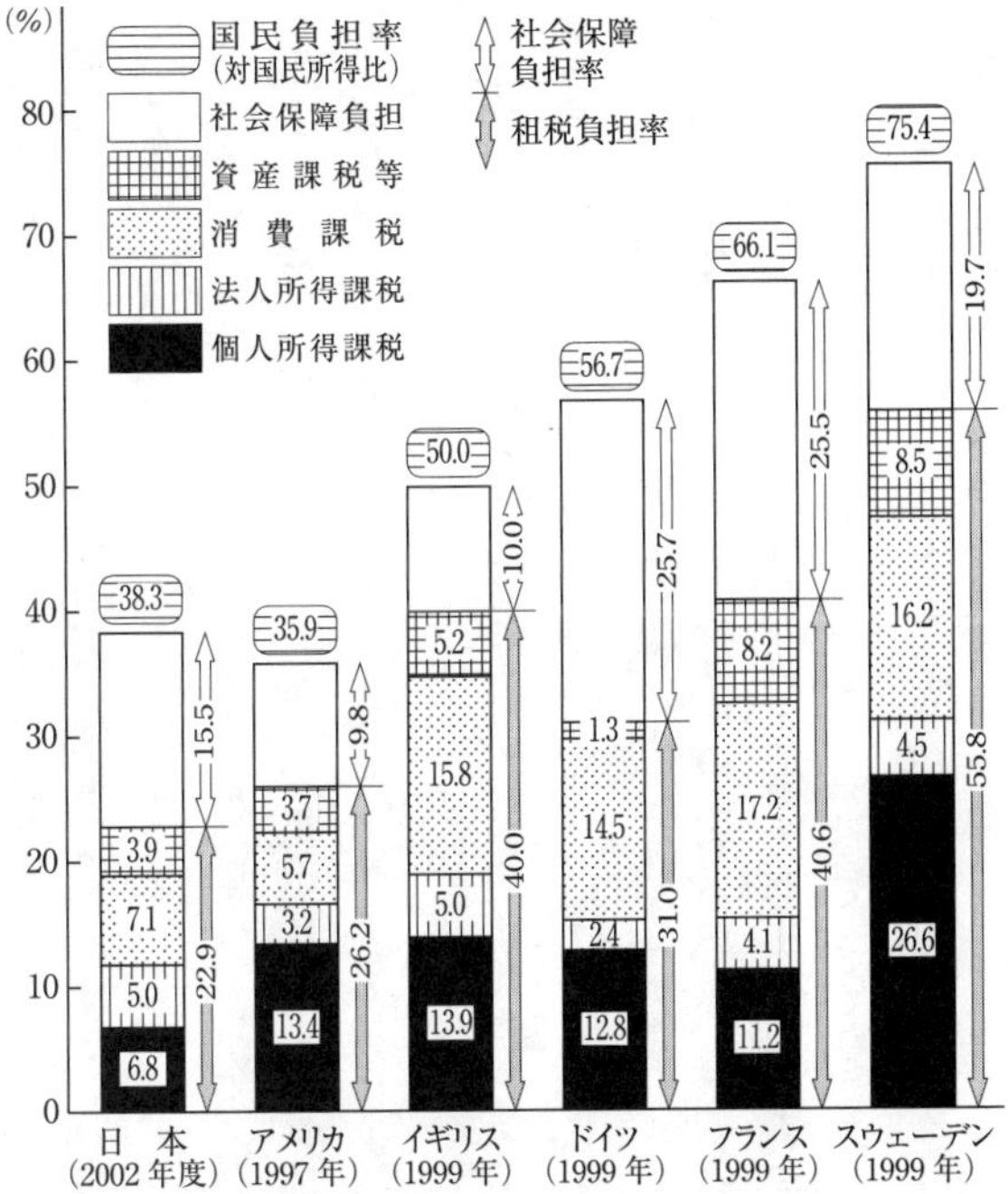

図 2. 9　各国の国民負担率の内容(日本は 2002 年度当初予算案ベース．日本以外は “Reverue Statistics 1965-2000”(OECD)と “National Accounts”(OECD)により作成．財務省資料による)

ことはまちがいない。しかし、「小さすぎる政府」である日本は、直間比率が高いといっても、所得税のウェイトは、間接税中心の国として名をはせているフランスよりも低いのである(図2・9参照)。

もちろん、こうした所得税のウェイトの低さは、日本の財政の所得再分配機能がいちじるしく小さいことを象徴している。しかも、租税負担率が異常に低いことは、社会の構成員が共同事業によって人間の生活を守る公共サービスが有効に供給されていないことをしめしている。

そうした結果は、日本の社会に所得間格差の拡大をもたらす。所得間格差が拡大すれば、社会統合に亀裂が生じることは明白である。サッチャー政権のもとでも所得間格差が拡大したとともに、犯罪率が増加したように、日本でも犯罪が急増している(図2・10)。しかも凶悪犯罪が悪化の一途をたどっている。警察庁の『犯罪白書』も「犯罪は悪化し、安心は失われつつある」と吐露せざるをえなくなり、日本でも人間生活の安全が崩壊しつつある。

人間は自己利益のみを追求する経済人として生きよ、とくりかえし説教されていれば、犯罪率が上昇しないほうが不思議である。人間が共感し、自発的に協力しようとする本性は無理にも抑圧されてしまう。

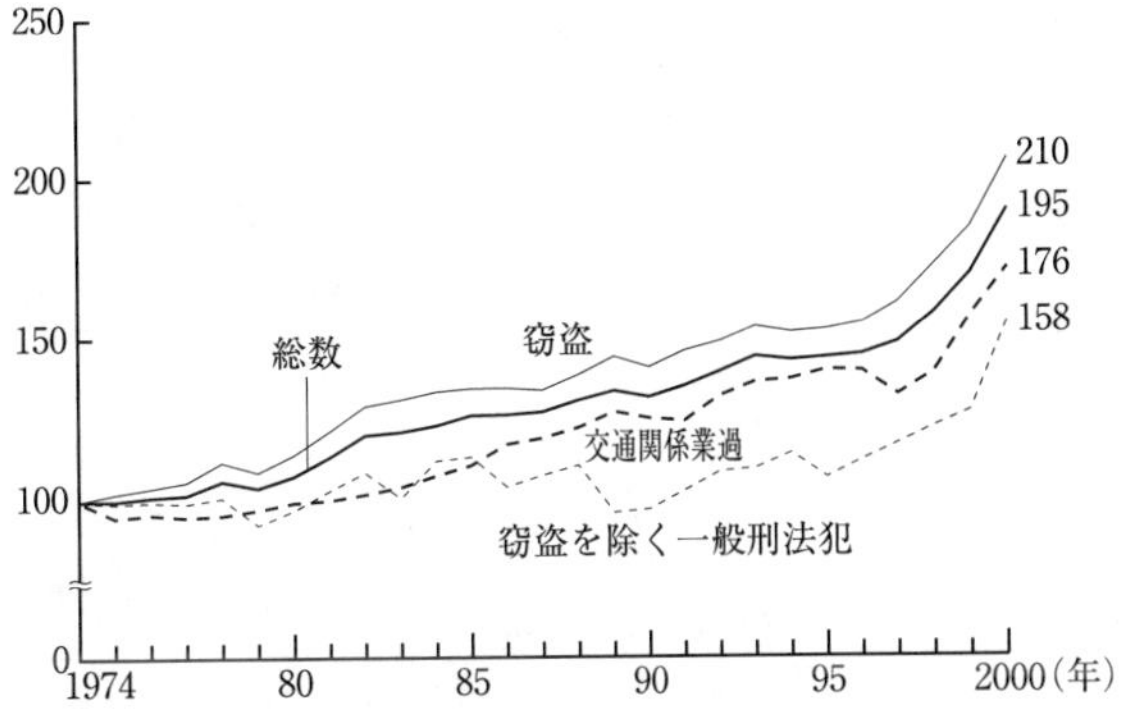

図 2.10 刑法犯の認知指数の推移(1974 年の件数を 100 とした指数.『犯罪白書』による)

人間が経済人として行動することを前提に、新自由主義のシナリオどおりに政策を打ち、社会統合に亀裂が走ったとしても、それ自体、新自由主義にとって問題ではないかもしれない。というのも、強者が強者として生き、弱者が弱者として生きる社会を理想とする新自由主義にとって、社会統合に亀裂が走ることはむしろとうぜんの結果で、それによって市場経済が活性化すると考えているからである。

鉱工業生産の指数をみると、たしかに新自由主義的政策が展開する一九八〇年代後半から一時的にバブル景気で上昇する(図2・11)。しかし、それ以降は結局、「失われた一〇年」となり、二〇〇一年で一九八八年とほぼ同一の生産水準となっている。くりかえされてきた新自由主義にもとづく構造改革は、徒労に終わり、もとの木阿弥にもどったといっていい。

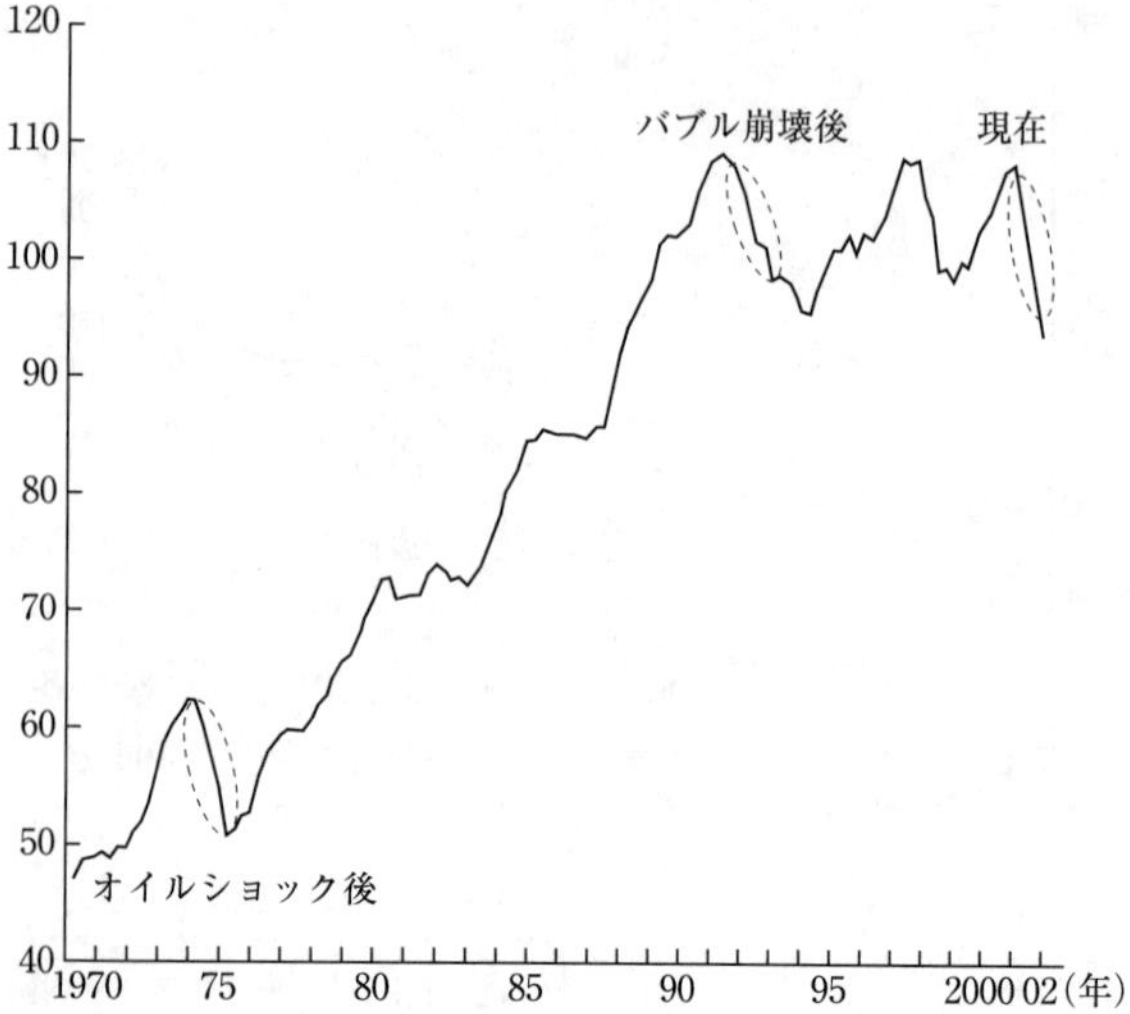

図 2.11　鉱工業生産指数の推移(1995年を100とする指数. 経済産業省資料による)

とはいえ、生産性は上昇した、と構造改革論者は胸を張るかもしれない。たしかに、伊藤誠東京大学名誉教授の指摘によると、一九八六年から九〇年にかけての景気拡大局面でも、生産性の上昇は三三・九%に上っている。もちろん、こうした生産性の上昇はオートメーションが導入されたことに起因している。

先端的オートメーションの導入は、人間をより人間的に使用するというためではなく、人間をより非人間的に使用するためにおこなわれている。つまり、人間の労働を単純労働に分解して、人間を機械に従属させるために導入されている。

失業率増加

しかし、生産が停滞しているもとで、生産性が向上していくことは、人間が生産の現場から排除されていくことを意味している。イギリスのサッチャー政権下で生じた現象と、同様の現象が日本でも発生する。つまり、失業率の増加である。

日本では一九八七年から八九年にかけてバブル景気を謳歌する。この時期には失業率は改善されていく。このバブルも、新自由主義を支えているマネタリズムの予想に反して、実質経済成長率が五%を越える勢いで伸びていたにもかかわらず、消費者物価上昇率が二%前後にとどまり、増加したマネーサプライが株式や土地というストック市場に向かっていくことによって発生していた。しかし、バブルがはじけると、一転して人間を経済人とみなす思想から、人間の排除がはじまる。

人間は、苦楽を一瞬のうちに計算する機械同然の経済人にすぎない。というよりも、企業という巨大な機械の互換可能な部品にすぎない。悪い部品は互換されてとうぜんである。企業はこれまで労働者を家族のように考え、人間の生活を保障する生活給付としての年功序列賃金や終身雇用制を維持してきた。しかし、それらの制度は企業という巨大な機械の効率性をゆがめる、それは経済人である人間に甘えをもたらすだけで、グローバルスタンダードではない、と主張されていく。

企業の経営は人間ではなく、市場という神の見えざる手にゆだねられなければならない。市場の意志に反して、終身雇用を維持しようとするならば、市場はけっしてこれを許さないであろう。その企業の株価を下落させ、かならず倒産に追いこんでみせる。企業の経済は、人間としての経営者の信念にもとづいてはならない。市場が企業の経営を支配するのだ、と神のお告げを告げる神子だという顔をした俗流経済学者はわめきちらす。

そのためバブル景気がはじけるや、早期退職制度や年俸制度の導入があいつぎ、日本的雇用慣行の崩壊が叫ばれていく。情実をはさまずに、人間を情容赦なく切り捨てよ。それが神のお告げである、と俗流経済学者は絶叫していく。

しかし、互換性のある機械部品のように、人間が切り捨てられるのであれば、志気は低下する。人間は経済人ではなく、感情をもっている。社会的欲求や自己実現の欲求をもっている。志気が低下すれば、アメとムチをいっそう振ることになる。そのため業績評価、実力主義が声高に主張されていくことになる。

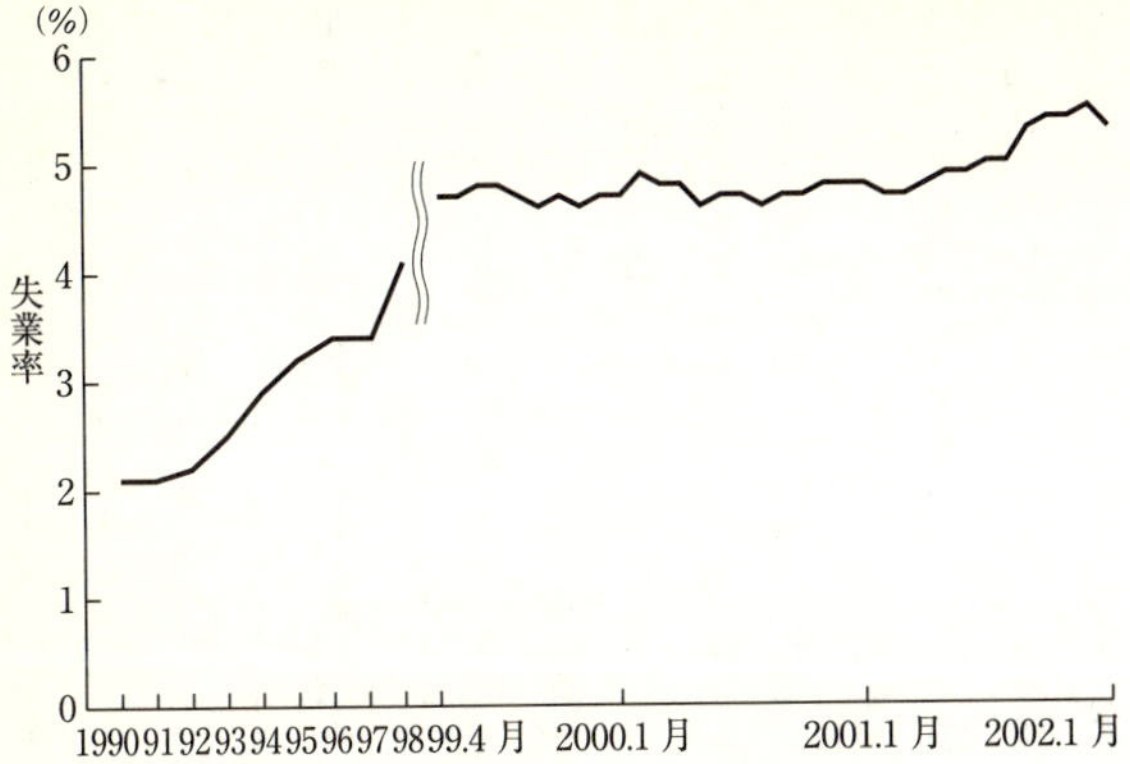

図 2.12　失業率の推移(経済産業省資料による)

失業率は悪化の一途をたどっている(図2・12)。こうした失業率の悪化には、中高年層と若年層での失業率が高いという特色がある。

解雇の対象が中高年層に絞られるために、中高年層の失業率が高くなる。しかも、企業が新規採用を抑制するために、若年層の失業率が高くなっていく。もっとも、こうした失業率の特色は、これまでの特色のくりかえしともいえる。むしろ強調すべき特色は、つぎの三点というべきであろう。

第一に、三五〜四五歳の中核的従業員の失業率が高まっていることである。この年齢層の失業率の高まりは、日本的雇用慣行が崩れているというよりも、企業倒産の影響が大きいと考えられる。というのも、一九九七年の金融破綻によって、失業率は九七年の三・五%から九八年の四・三%に高まっているが、三五〜四五歳では、九七年四月の一・九％から九八年九月の三・二％へと急激に高まっているからである。

第二に、三四歳までの失業率も高いことである。これはたんなる新規採用の抑制にとどまらず、工場に加えてオフィスでもオートメーション化によってやりがいのある仕事が喪失して、求職を継続しているという要因が大きい。こうした点は、バブル期に生じたフリーターあるいはパラサイトシングルといわれる現象とは相違している。

第三に、女性の失業率も高まっていることである。これまで家事労働などに従事していた女性も、夫の収入で生活が支えきれなくなり、そのために就職することが多くなっていることが大きな要因となっている。

深刻なことは、有効求人倍率が中高年層で悪化していることにある。職をひとたび失うと、就職先がない。そのため、八七年に金融破綻で倒産と失業が増加すると、中高年層で自殺者が急増している。八七年から八八年にかけて自殺者は七〇〇〇人も増加し、八八年から三万人台を突破する。その後もいっこうに減少するようすがない。

労働市場でのジェンダーバイアスを反映して、増加した自殺者の多くが中高年層の男性であって、女性ではない。一家の生計を支えることが男性の肩に重くのしかかり、自ら命を絶ってしまうのである。生存するために仕事にはげんでいるのに、仕事のために命を絶つという倒錯現象が生じている。

年金財政が破綻する

現在の不況を深刻化させる重要な原因に、年金財政が破綻してしまうのではないかという将来への不安がある。そのために貯蓄を高め、消費を抑制してしまうからである。年金財政の破綻を心配する理由に、団塊の世代が年金の受給者になったときに、年金財政が耐えられないという不安がある。

年金財政を破綻にみちびく要因として、少子化が進行して、高齢化が進むことがある。

少子化の進行は、出生率の低下に原因がある。ところが、既婚者の出生率は二・一%程度で低下していなかった。出生率の低下の主要な要因は、結婚しない女性の増加にあり、そのために出生率は一・三%までに急速に落ちこんだのである。

結婚をしない女性が増加した主要な原因は、「結婚に対して喜びや希望を感じない女性」が増加したことにある。ところが、木村忠正教授(東京都立科学技術大学)が指摘しているように、結婚に対して、喜びや希望を、「まったく感じない」「どちらかといえば感じない」としている者をあわせると、未婚女性と未婚男性はほぼ同率である。

つまり、現在では男性も結婚を拒否している。男性が結婚を拒否する理由は、圧倒的に結婚の経済的負担に耐えられないからである。前世代である中高年層が自殺をしていることを眼前にみれば、結婚の経済的負担に耐えられないと感じるのはとうぜんである。

もちろん、男性が結婚を拒否しても、少子化は進行する。そうすれば年金財政への不安は高まるばかりである。

年金財政への不安が高まれば、消費をひかえ、貯蓄を増強する。そうすると、企業の売上げは伸びず、人件費を抑制するために、不正規従業員を増加させる。

ところが、不正規従業員は社会保険に加入しない。不正規従業員が加入しないと、社会保険の空洞化が生じる。社会保険の空洞化が生じると、社会保険に頼ることができないため、消費を抑制して、貯蓄を増強する。こうして不安と不況の悪循環がくりかえされていく。

しかも、企業が生産性を高めるために、不正規従業員を多く雇い、人間の労働を極度に単純化してしまうと、なにも企業を国内に立地しておく必要はない。そのため工場立地を海外にフライトさせ、九〇年代に産業の空洞化現象が急速に進んでいく。

これまで中枢管理機能を東京に集中させ、工場立地を地方に分散させてきた。ところが、そうした地方の工場立地が、海外へとフライトしていくことになる。

そうなると、地方では公共事業という産業に依存せざるをえなくなる。ところが、中曾根政権は民間活力による都市重視の公共事業を打ち出していく。もちろん、失政糊塗の論理で、小泉政権も、言葉こそ民間資金を活用する「ＰＦＩ」(private finance initiative)などの新しさを織りこみながら、民間活力による都市再生などをうたい、都市重視の公共事業をめざしていく。

それは、強者が強者として生きていくことをもとめる、新自由主義のとうぜんの帰結でもある。同時に国際的競争に勝利するためには、世界都市としての競争力を強める必要があり、地方ではなく、世界都市の国際競争力を高める公共事業が重視される。

国際競争力を高めるために、人間は生産の機械にされていく。人間のコストを低め、人間の共同事業のコストを低めて国際競争力を高めようとする。

人間はホモ・サピエンスである。競争力を高めるにしても、人間の知恵によって生産性を高めるべきである。そうしないのは、人間を信頼せず、人間をホモ・サピエンスであることを忘れてしまっているからである。

3　行きづまったケインズ的福祉国家

人間の労働が機械に従属する

人間にとって最高の存在は人間である。人間がより人間的な能力を高め、より人間的生活を充実させていく方向に、歴史のハンドルは切られなければならない。

「人間の経済」をめざす財政社会学的アプローチからすれば、明らかに新自由主義的経済思想のシナリオにもとづく日本の構造改革は、歴史のハンドルを切りまちがえている。というのも、その構造改革は、人間の能力をより高めるような職務よりも、より人間的能力を必要としない職務を増加させ、人間がより人間的ではない生活に耐えることによって、企業のコストを低めていく改革だからである。

人間は企業のコストを高める妨害物だとみなされ、自然にたたかいをいどむ生産の場から排除されていく。しかも、人間が営む共同事業も縮小され、人間は生活の場からも排除されてしまう。

たしかに、第二次大戦後に先進諸国で定着した「ケインズ的福祉国家」は行きづまっている。

とはいえ、失敗によって行きづまったわけではない。夢の実現に成功したがゆえに行きづまったのである。

ケインズ的福祉国家は、人間の生存に必要不可欠なニーズを充足する、財・サービスを大量生産することに成功している。しかも、市場社会では空間的に分離している生産の場と生活の場を結びつけ、大量消費を実現することによって、飢餓的貧困からの解放という人間の夢をかなえたのである。

しかし、成功には挫折がつきものである。大量生産を実現するために、人間は、自然にはたらきかけ、人間にとっての有用物に転換するという、労働の意義を見失うことになる。

人間の労働が全体性を喪失すると、労働の意味が理解できなくなる。自動車のライン作業に従事する労働者が、部品を一定の時間内でくりかえし取りつけるという、自らの職務の意味を理解することは、不可能に近い。

労働全体を部分労働に分解してしまうと、生産性はいちじるしく向上する。労働全体を動作研究と時間研究によって、一定の時間で実施される部分労働に分解する。分解した部分労働をベルトコンベアで連続させることによって、生産性を向上させることができる。

自然に対する人間のはたらきかけである人間の労働は、本来、神が創造主である自然のリズムにあわせて実行せざるをえない。もちろん、人間の創造主も神である。神が創造した自然に、神が創造した人間がはたらきかけるには、自然のリズムと調和せざるをえない。太陽が昇ると同時に労働をはじめ、太陽が沈むとともに労働を終える。このように、自然のリズムと調和して労働をする。

ところが、機械の創造主は、神ではなく人間である。眠らないゴルゴーン(ギリシア神話に登場する三人姉妹の怪物)のように、機械は自然のリズムとは無関係に稼働する。人間は機械のリズムに調和させて、工場の鉄門の前に平伏し、労働をはじめなければならない。たとえば、陽が沈み、夜の帳《とばり》に包まれるとともに、人間の内なる自然である生理に反してでも、人間は労働をはじめなければならなくなる。工場に足を踏み入れるや、機械のタクトに指揮されて労働をする。

人間が人間として高めてきた熟練も意味を失う。人間は自然にはたらきかける際に、ホモ・サピエンスとして、知恵を絞り、自立的に構想して自然へのはたらきかけ方を工夫してきた。もちろん、そうした労働における自立性も失う。

しかも、人間は群居性をそなえた種として、人間どうしが協力をして共同作業として労働を遂行してきた。ところが、分断されてベルトコンベアにはりつけられた労働は、孤独な労働である。孤独な労働として、人間と会話をすることもなく、黙々と労働を遂行しなければならないのである。

チャップリンが映画『モダン・タイムス』で見事に描いていたように、発狂して人間ではなくなるまで、機械の指示にしたがわざるをえなくなる。ローマの奴隷船が人間を船の動力源として利用したことが、人間を愚弄した、人間的使用方法ではないのと同様に、機械に従属化した単純労働も、人間の人間的使用方法ではない。

このように労働を時間研究と動作研究によって細分化し、機械に従属化させてしまう経営管理を、テイラー主義と呼んでいるが、テイラー主義は人間の労働を機械に従属させることによって、生産性を飛躍的に高めることに成功したのである。機械を連続的に配置し、自動化してしまえば、ベルトコンベアによる流れ作業が可能となる。こうしたオートメーションによる装置化が、生産性を飛躍的に上昇させたのである。

貧困の克服からニーズの多様化へ

テイラー主義による生産性の上昇は、企業利潤を高めるだけでなく、実質賃金の上昇をも可能にする。実質賃金の上昇は、大量生産される消費財の大量消費を可能にする。つまり、テイイラー主義による生産性の向上は、大量生産・大量消費によって、貧困からの解放を可能にしたのである。

もちろん、生産性の向上によって、実質賃金が上昇し、大量消費が可能になるといっても、賃金が獲得できなければ、大量消費に参加できない。ところが、テイラー主義による生産性の向上は、財政にも豊かな税収をもたらすことになる。しかも、第二次大戦中の戦時財政で豊かな税収を確保するためにつくりだされた、所得税と法人税を基軸とする直接税中心主義の租税制度が、所得再分配を可能にしていく。つまり、直接税中心主義の租税制度が、失業・疾病・老齢などによって賃金をかせぐことのできない者にも、財政による現金給付をおこなうことによって大量消費への参加を可能にする。

こうしてケインズ的福祉国家は、飢餓的貧困を克服していくことになる。しかし、それは、機械に従属した非人間的使用方法としての部分的労働を受容する、という代償を支払って実現したのである。

ケインズ的福祉国家は、飢餓的貧困の解消という夢の実現に成功したがゆえに、行きづまりをしめしはじめた。というのも、大量生産・大量消費によって、人間の生存に必要不可欠な基本的ニーズが充足されてしまうと、人間はより清潔なもの、より美しいもの、より優雅なものなどを求め、消費財の需要が多様化してしまうからである。

大量消費を支えてきた画一的な需要が多様化すれば、多様な需要に対応した多品種少量生産が要求される。しかし、テイラー主義にもとづく、時間研究や動作研究による分断された部分労働では、多品種少量生産への対応は困難になる。

というのも、テイラー主義では立案と執行が分離されているため、市場の需要に近い現場に企画の決定権がない。市場から遠い企画立案の部門では、市場の多様な需要を的確に把握することはできない。

さりとて市場の需要と接している販売部門は、執行部門と位置づけられているため、執行はできても企画はできない。そのため、多様な需要に対応した生産物を市場に供給しにくくなってしまうのである。

生産性が低下する

ケインズ的福祉国家のもとで生産性向上を実現させてきたテイラー主義は、飢餓的貧困の解消とともに、生産性を低下させざるをえなくなる。というのも、人間の生存に必要不可欠な基本的ニーズが充足された労働者は、分断化され、単純化された非人間的労働にモチベーションを感じなくなるからである。

アメリカの心理学者マズローの欲求段階説によると、人間の欲求は生理的欲求、安全欲求、社会的欲求、自我欲求、自己実現欲求という、低次から高次の欲求へと段階的になっている（図3・1）。低次の欲求が充足されてしまうと、いくら賃金を引き上げても、仕事のやりがいなどの高次欲求の充足を求めるようになり、労働の志気が上昇しないことになる。

高次欲求が頭をもたげるためには、低次欲求が安定的に充足されていなければならない。つまり、生活に必要不可欠なニーズという低次欲求が充足されると、協力という社会的欲求や、自発的創意という自己実現の欲求という高次欲求が芽生えてくる。そうした高次欲求の充足なしには、生産性の向上が望めなくなってしまうのである。

大量生産を大量消費と結びつけるためには、交通手段ばかりではなく、情報通信手段の飛躍的発展を実現していく。ところが、情報通信手段の飛躍的発展は、市場経済がボーダレス化して膨張していくことを意味する。

市場経済がボーダレス化すると、ケインズ的福祉国家を支える財政が機能しなくなる。というのも、2章で述べたように、市場経済がボーダレス化すると、資本が一時のうちに国境を越えて動きまわり、財政による所得再分配が困難になってしまうからである。

競争原理にもとづく市場経済が拡大していくと、自発的協力の領域である家族や共同体の相互扶助や共同作業という機能を縮小させてしまう。そのためケインズ的福祉国家では、財政が家族や共同体の相互扶助や共同作業の縮小に対応して、市場経済の外側で所得再分配を実施していたのである。

ところが、市場経済が拡大し、家族や共同体という社会システムの機能を弱めるだけでなく、財政の所得再分配機能をも機能不全に陥らせてしまうと、トータルシステムとしての社会全体のバランスがくずれてしまう。つまり、市場経済という経済システムが拡大しすぎたために、ケインズ的福祉国家としてバランスしていた、経済システム、政治システム、社会システムという三つのサブシステムのバランスがくずれてしまったのである。

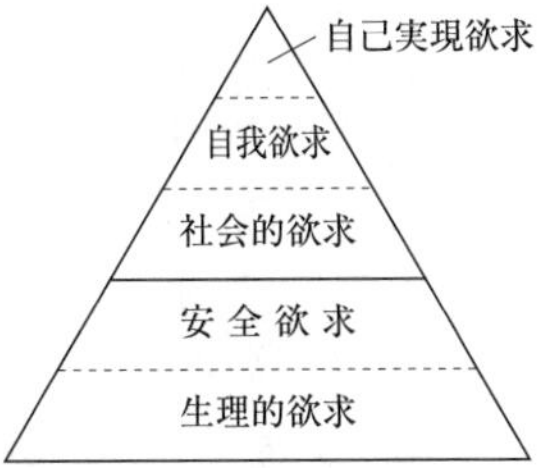

図 3. 1　人間の欲求段階
(マズローによる)

人間の生活は、家族や友人、隣人という人間との継続的接触が、自発的に生まれた社会システムのなかで営まれている。家族などの自発的協力によって生活が営まれる社会システムでは、無償労働で財・サービスが生産される。財・サービスが有償で取引される市場社会でも、家族などの社会システムでは無償で分配される。そのため、賃金をかせぐ能力のない幼児や高齢者でも、市場社会で生存することができる。

市場社会で人間が生存するためには、家族の生活を支えるために必要な食材などの原材料を、市場から購入する必要がある。食材などを購入するには、貨幣が必要となる。その貨幣は、労働市場などの要素市場から、労働サービスを取引して調達するしかない。もし、家族の生活を支える貨幣を要素市場から調達できない場合には、ケインズ的福祉国家が雇用を創出したり、現金を給付したりして、社会システムで営まれる人間の生活を保障してきたのである。

こうした所得再分配国家としてケインズ的福祉国家が機能すれば、社会システムから忠誠を調達することができる。人間が人間として生活していく社会システムを財政が保護していけば、市場経済も活性化する。市場経済でチャレンジして失敗しても、財政によって救済され、社会システムで人間としての生活を営むことができるからである。

ところが、ケインズ的福祉国家は、人間の生活を保障し、貧困の恐怖から解放することによって、逆に生産性を低下させはじめる。それは、財政が所得再分配機能をはたすための財源の減少を意味する。しかも、市場経済がボーダレス化するまでに拡大すると、社会システムの人間のきずなを市場経済が「悪魔のひき臼」として破壊してしまう。そうなると本来は、財政が社会保護としての機能を高める必要がある。

ところが、生産性の低下が財政に財源をもたらさないばかりか、ボーダレス化した経済によって、財政による所得再分配が困難となる。所得再分配をしようとしても、豊かな資本所得が資本逃避してしまうからである。

人間が追放される

生産性が低下しはじめると、賃金を抑制しようとする。人間のはたらく手段としての機械の高度化により、生産性を高めることによって、単純化した労働に高賃金を支払うことが、ケインズ的福祉国家の大量産出を支える条件となっていた。ところが、情報技術を活用して、飛躍的に労働を単純化し、人間を人間の手段としての機械におきかえていく現象が激化する。中間管理職の管理労働をも、単純労働と機械装置におきかえる現象がすすめられていく。

そのため、企業組織から、労働の主体である人間が急速に排除されていく。しかも、企業組織からより多くの人間を追放した経営者こそ、優秀な経営者だと格づけされていく。

企業に残った人間の労働は、ますます単純な労働になっていく。しかも、そうした単純な労働は、正規従業員ではなく非正規従業員によって担われていくようになる。

企業から人間が排除されていくと、「企業が血のにじむ思いで人間を排除しているときに、政府はなぜ人間を雇用しているのだ。政府も企業を手本にして、リストラによって人間を駆逐すべきだ」という絶叫が聞こえてくるようになる。

民間企業も政府も、人間の首を切るゲームに熱中するようになる。こうして人間の社会から人間が追放されていくことになる。

失業者は巷にあふれ、人間の社会から人間を追放するという狂気が、正気だと思われるようになってしまう。ケインズ的福祉国家は行きづまり、人間はいつ自分が社会から追放されてしまうのかという、雇用不安におびえて生きていくことになる。

環境という制約条件

大量生産・大量消費に支えられたケインズ的福祉国家にとって、最大の制約条件は環境である。経済は自然を変換させることである。大量生産・大量消費は、自然多消費型産業構造が形成されていることを意味する。

経済とは、自然を人間の有用物に変換することにすぎない。大量生産・大量消費の経済システムは、人間が自然にはたらきかけて有用物を取得するまでの変換過程を、複雑な分業によって長い過程にしてしまう。

農業は、生きている自然を原料とする産業である。生きている自然を原料とする以上、自然の再生力を破壊することはない。寄生する者が寄生する対象を殺してしまえば、自己否定になるからである。

工業は、死んでいる自然を原料とする産業である。もちろん、生きている自然を殺す産業が存在し、そうした産業が生産したものを原材料として工業は成立する。ところが、工業が成立すると、生きている自然を殺している現場が見えなくなってしまう。

はるかかなたのアジアの森林を伐採した木材で製造された割り箸が、日本の食卓を飾ることになる。もちろん、自分たちの眼前に広がる森林を伐採するのであれば、森林が再生可能なように制御する。森林が再生不可能となれば、森の民である日本国民の生活も再生不可能になるからである。

ところが、森林を伐採するという生きた自然を原材料とする林業は、はるかかなたで営まれている。林業が生みだす死せる自然を原材料とする割り箸を加工する工業は、日本で営まれる。もちろん、日本の消費者が生活を営む場は、さらに離れてしまう。そうなると、使い捨てという大量消費が平然と実行されていく。

ところが、人間の知恵の発達は、大量生産・大量消費を可能にするだけでなく、その限界をも認識させるようになる。しかも、皮肉なことに、大量生産・大量消費を可能にするために発展してきた情報手段が、逆にそれを抑制する方向で作用しはじめる。というのも、空間的に遠く離れていても、自然を破壊している場と消費している場が、情報で近づけられるようになるからである。

人間は経済人ではない。人間は知恵のある人であり、ホモ・サピエンスである。そのため、自然を破壊している場が情報で近づけられると、自然の再生力を維持しなければ、人間の再生そのものがおびやかされることを認識するようになる。

経済がどんなに高度化しても、経済とは自然を人間にとっての有用物つまりグッズに変換することだという原点に変化はない。そうした変換の対象である自然を再生させないことには、経済はそもそも成立しなくなってしまうのである。

人間は、貧困問題を解消するために、大量生産・大量消費を実現してきたが、このまま大量生産・大量消費をつづけていけば、自然が持続可能ではないことに気がつきはじめる。人間と自然との最適な質料変換を追求する、持続可能性を考えるようになる。大量生産・大量消費を実現してきたケインズ的福祉国家は、こうした自然と人間との外的連関でも行きづまることになる。

協力の必要性

人間は、母なる大地である自然とともに生きる大地の子である。しかし、大地の子として自然とともに生きるために、人間は自発的に協力をしてきた。大地の上で、人間が大地の子として生物的に生存していくためには、自発的な協力を必要としたからである。

人間は生存していくために、食事をとり、睡眠をとり、排出をする。こうした生物的個体として生存していくための行為は、他者との交流のない私生活、つまりプライバシーとして実行される。睡眠も排出も、たとえ家族であっても交流を遮断して、プライバシーとして実行する。

ところが、食事はちがっている。ファミリー（家族）とはもともと、食事を同じくする者という意味である。日本のようにいっしょに食事をしないことが常態化している家族は、本来の意味での家族の態をなしてはいない。

睡眠や排出がプライバシーとして実施されるのは、睡眠や排出が人間にとって内なる自然だからである。ところが、食事とは、人間にとって外なる自然とのたたかいの成果にほかならない。

人間が自然にはたらきかけて獲得した有用物を、食事としてとっている。この人間が自然にはたらきかけて有用物に変換する行為は、かならず他者との協力を必要とする。つまりそれは、社会的存在としての人間の行為なのである。したがって、食事は家族という社会システムの営みとして実施される。

人間は生物的個体であるとともに、社会的存在であり、社会システムに埋めこまれて生存している。社会システムは、家族のように自発的協力にもとづいた組織である。家族のような社会システムでは、自発的協力がつねに奨励される。つまり、愛情によって結ばれた組織なのである。

愛情で結ばれている社会システムでは、強者は弱者を支配してはならない。親は子に愛情を注ぐことはあっても、支配することがあっては社会システムではない。

社会システムでは、生物的個体としての営みと、社会的存在としての営みがおこなわれる。つまり、私的生活と公的生活が営まれている。しかし、社会システムで営まれる公的生活は愛情にもとづく公的生活なのである。

というよりも、人間は社会システムでの公的生活で幸福を実感している。人間は、社会システムの公的生活で実感できる愛情を求めて生存する、社会的存在なのである。

たしかに、生物的個体として生存するために、人間は自然を有用物に変換する経済を営む。しかし、そうした経済は公的生活として営まれる。人間は経済のために公的生活を営むが、それは公的生活の手段であって目的ではない。目的は、愛情で結びつけられている公的生活で実感できる幸福なのである。

そうした幸福とは、社会システムの公的生活における継続的接触から生じる。つまり、他者との愛情交換とともに、他者から助けられ、他者を助けることによって自覚される自己の存在意識とから生まれることになる。

国家の誕生

青森県の三内丸山遺跡にみられる生活には、社会システムしか存在しない。家族も核家族である。過酷な自然にたたかいをいどむには、協力の規模を拡大しなければならない。生存に必要な協力の単位である共同体の規模を拡大すると、共同体に階層性が生じる。家族の内部にも強者と弱者が存在する。しかし、自発的協力は平等性がなければ存在しない。家族の内部では親と子に不平等が存在するにしても、愛情によって平等な自発的協力で組織化されている。

共同体の規模が拡大すれば、階層性のある共同体が生じるようになる。というよりも、社会システムである共同体で自発的協力が生じるためには、人間の継続的接触が必要となる。しかし、継続的な人間的接触が存在しない共同体どうしを協力させるためには、階層性が必要となる。

大規模な灌漑《かんがい》施設などの建設は、顔見知りの関係を必要とする共同体の自発的協力にもとづく共同作業では不可能である。中国やエジプトを考えても、メソポタミアやインダスに思いをめぐらせても明らかなように、古代国家は、共同体内の自発的協力の限界を克服して、灌漑施設などを建設するために誕生したのである。

現在では、政府は「市場の失敗」から生まれる、とまことしやかに説明される。しかし、いつどこで市場の失敗から政府が生まれたのかを実証してもらいたいものである。人間の歴史に学べば、市場が失敗して国家が誕生した事実はない。

ところが、強制的協力を実現するためには、支配・被支配という階層性を必要とする。つまり、社会システムから支配・被支配という人間関係が、国家として誕生することになる。

財政の誕生

もっとも、市場社会では政治システムの階層性は否定される。被統治者である民が、支配者である主となるからである。

社会システムにおける公的生活は、徐々に政治システムの公的生活に移行されていく。しかし、そうした政治システムの公的生活は、社会の構成員による共同決定によって運営されることになる。

被統治者である民が支配するということは、領主が家産として所有していた領土と領民を被統治者が所有することも意味する。つまり、領主が所有していた家産を私的所有権に分散し、土地・労働・資本という生産要素に私的所有権を設定しなければ、要素市場が成立する。しかし、生産要素に私的所有権が設定されてしまうと、生産要素を所有していた家産国家が無産国家となってしまう。無産国家となってしまった政治システムは、社会を統合していくための財・サービスを供給できなくなってしまう。そこで生産要素の所有者である国民の同意を得て、生産要素の生みだす所得の一部を、租税として調達することになる。

こうして財政が誕生するが、財政はとうぜんながら、被統治者が支配する共同経済となる。社会システムの公的生活を支えてきた私的家計を、政治システムの公的生活を支える公的家計に改めた共同経済が、財政なのである。

一九世紀後半から形成がはじまり、第二次大戦後に定着するケインズ的福祉国家は、現金給付を社会システムに交付することによって、社会システムの公的生活を保護しようとする。つまり、愛情による経済を現金給付によって機能させようとする。

こうした点で、ケインズ的福祉国家は所得再分配国家である。しかし、それは人々から遠い中央政府による所得再分配国家なのである。というのも、現金給付による所得再分配は全国統一的に実施せざるをえないからである。

遠い政府は、被統治者の参加が困難となる。そのために、社会の構成員による愛情の経済が官僚に支配されがちになる。社会の構成員による共同経済が官に支配されてしまうことが、ケインズ的福祉国家を参加なき再分配国家にしてしまうことになる。それこそケインズ的福祉国家の行きづまりを象徴している。

4　エポックから脱出できるのか

重化学工業を基軸とする大量生産・大量消費を実現したトータルシステムとしての社会を、「ケインズ的福祉国家」と呼ぶことはすでに述べてきたとおりである。

それは一九世紀後半から形成されはじめた。一九世紀後半からはじまる第二次産業革命によって、重化学工業を基軸とする産業構造が形成されていったからである。しかし、そのケインズ的福祉国家が、二〇世紀から二一世紀にかけての世紀転換期に、ひとつの時代が終わりを告げるエポックを迎えて行きづまっている。

エポックには社会的病理現象がつきまとう。アントニオ・グラムシの箴言《しんげん》によれば、「危機は古いものが死に、新しいものがまだ生まれることができないでいるという未完の中にある。この空白の時代に、さまざまな病理現象があらわれる」からである。

エポックでは、新しいトータルシステムを形成しなければ、危機から脱出することはできない。構造改革とは、トータルシステムとしての社会総体の改革でなければならない。ところが、日本がくりかえしてきた構造改革は、旧来の産業構造のもとでコストを低めるだけのものに過ぎない。技術革新によって、新しい産業構造を創出しつつ、生産性を高めるのでなければ意味がないにもかかわらず。

世紀転換期ごとのエポック

不思議なことに、エポックは世紀転換期ごとにやってきた。

一八世紀から一九世紀にかけてのエポックでは、第一次産業革命が展開され、農業社会から工業社会へと産業構造が転換した。農業とは、生きている自然を原料とする産業である。生きた自然を原料とするため、農業では人間がはたらきかける対象である自然の豊かさが、生産の決定要因となる。

一般に産業革命といわれる第一次産業革命によって、死んだ自然を原料とする工業を基軸とする産業構造が成立した。死んだ自然を原料とする工業では、生産をする決定要因は、自然にはたらきかける手段、つまり機械設備となったのである。

しかし、この第一次産業革命という技術革新で形成された産業構造は、軽工業を基軸とする産業構造であった。軽工業では、衣料にしろ食料にしろ、人間が身にまとうものや口にするもののしか製造することができなかった。つまり、人間の体に付着するものしか生産することができなかったのである。

つぎの一九世紀から二〇世紀にかけての世紀転換期には、第二次産業革命によって、重化学工業を基軸とする産業構造が形成された。技術革新によって、自動車産業や家庭電器産業が戦略産業として誕生し、重化学工業を牽引していった。

自動車産業や家庭電器産業は、軽工業のように人間の体に付着するものを製造するわけではない。自動車や電気洗濯機などを想像すればわかるように、手や足などの人間の器官の機能を代替するものを生産したのである。

しかも、人間の体に付着するのではなく、人間の体とは独立して特定の機能をはたす構造物となっている。そうした人間の体とは独立しているけれども、人間の意志どおりに作動する構造物をライフスタイルに取りこんだことによって、重化学工業という産業構造が機能していったのである。

工業社会から知識社会への転換点

現在が二〇世紀から二一世紀へのエポックであることは、2章でも述べた。このエポックでは、重化学工業社会あるいは工業社会そのものが終わりを告げているのである。重化学工業では、自動車産業にしろ家庭電器産業にしろ、人間の手足などの運動をつかさどる器官を、独立した構造物として製造することができたといっていい。

ところが、現在のエポックで展開している第三次産業革命では、人間の運動系統ではなく、神経系統の器官の機能に代わる独立した構造物が登場することになる。スウェーデンでかかげられている言葉で表現すれば、人間の歴史が工業社会から「知識社会」をめざして大きく動きはじめたのである。

工業社会では、人間が自然にはたらきかける手段である機械設備が、生産の決定要因となる。したがって、機械設備を技術革新によって効率的にすることが、生産性の向上に結びついていた。第二次産業革命でも、機械設備の革新こそ技術革新の焦点となった。そのため『モダン・タイムス』のように、機械のリズムに人間の労働が従属してしまうことになった。もちろん、そうした機械のリズムに合わせた労働の従属によって、大量生産が実現していくことになる。

しかし、知識社会では、人間がはたらきかける対象としての自然でもなく、人間が自然にはたらきかける手段でもなく、自然にはたらきかける主体としての人間そのものが生産の決定要因となる。

もっとも、農業社会で自然を豊かにする耕作にしろ、肥料にしろ、灌漑にしろ、あるいは工業社会における機械設備にしろ、それは人間の知恵の結晶である。したがって、知識社会とは、対象や手段の背後にひそんでいた人間の知恵が前面に踊り出てくる社会ということができる。

とはいえ、経済とは人間が自然を有用物に変換することだという本質に変化が生じるわけではない。有用物が人間の知恵というオブラートで包まれるようになると考えたほうがいい。人間の知恵というオブラートで包むために、高い知的能力が求められる職務が急増していく。つまり、専門的技術者が急増し、知識集約型産業が産業構造の基軸を形成するようになる。

重化学工業を基軸とした重化学工業社会では、テイラー主義による流れ作業を導入することによって、高い生産性と高い賃金を実現した。ところが、知識社会では、人間そのものの知識を高めるしか生産性を向上することはできない。

知識社会とは、人間の神経系統に代替する構造物が登場する社会である。そうした構造物を人間のライフスタイルに取り入れると、知識社会が本格的に機能する。

神経系統に代替するコンピュータも、創造主は人間である。創造物は創造主を越えることはできない。

人間の神経系統に代替して、人間とは独立する存在となった構造物は、知識媒体つまりメディアでしかない。知識媒体は、人間の創造力を補完する機能しかはたしえないのだが、人間の創造した知識を人間相互間に、あたかも神経に情報が流れるように伝達していくことができるのである。

知識媒体が対人サービスを生む

スウェーデンの小学校で女性教師は、「人間が学ぶということは、自分が取得した知識を他者に伝えることだ」と説明していた。人間の創造力は、相互に知識を交流させることによって高まっていく。そうした知的交流を知識媒体は可能にして、人間の創造力を高めていく。ネットワーキングが叫ばれるのも、知識媒体を活用した知識交流が生産性を高めるからである。

もちろん、人間そのものの能力を高めるには、個体としての人間が努力しなければならない。スウェーデンのコーレ・オルソンは、子どもたちにつぎのように教えている。

「何かを学ぶということは、つねに人間の心の中のプロセスです。このことは、誰かが何かを教えてくれるだろうという期待をもつことができないことを意味しています。あなたは自分で学ばなければなりません」(ブー・ルンドベリィ、川上邦夫訳『視点をかえて――自然・人間・全体』新評論、一九九八年)

この教えは「あなたが、教師として他人に何かを教えようということも、確かではありません」ということを諭している。とはいえ、コーレ・オルソンは「しかし、あなたは、他人が自分から学ぶという状況をつくる手助けや、他人に学ぼうとさせる刺激を与えることはできます。人は誰でも、適切な動機づけがあれば、驚くほどの速さで学習するのです」とつづけている。

人間の個人としての能力を高めるにも、他者による「動機づけ」が必要となる。動機づけとしての教育サービスが、社会に欠かすことができないのである。しかも、人間が個人として能力を高めるためには、人間が生物的存在としても健康でなければならないので、医療サービスも不可欠となる。さらに、人間が能力を安心して発揮できるためには、人間の生活を支える福祉サービスが必要となる。

このように、知識社会では、人間の生活をサポートする膨大な対人サービスが必要となってくる。しかも、対人サービスだけではなく、工業社会によって汚染された自然環境を、改善し持続させなければ、人間は能力すら発揮することができない。

知識社会では、知識集約型産業を中心にしながら、その周囲を膨大な対人サービスに包みこむ必要がある。個人的能力をメディアによって相互に交流させて向上させるだけでなく、対人サービスを必要としているのである。

新自由主義は打開策か

歴史のエポックでは、階段の踊り場のように、上に進みたくても進めなくなる。二〇世紀から二一世紀へのエポックでは、重化学工業を基軸とする産業構造が行きづまっている。産業構造のみではない。トータルシステムとしてのケインズ的福祉国家が行きづまっているといっていい。

すでに述べたように、機械のリズムにあわせた単純労働への抵抗は強まり、生産性はダウンしてしまっている。というのも、飢餓による貧困への恐怖が解消され、飢餓による貧困への恐怖というムチが使用できなくなってしまっているからである。

そこで、飢餓による貧困への恐怖というムチを復活させようというのが、新自由主義の経済思想である。機械のリズムに従属した非人間的労働に耐えなければ、職を失い、人間としての生存が保障されない。そのような状態を復活すれば、生産性が向上するはずだというのである。

ケインズ的福祉国家では、職を失えば失業手当が給付され、労働能力を失えば市場の外側で政府がさまざまな現金給付を実施してきた。そうした現金給付を廃止したり、縮小すれば、人間は飢餓という貧困への恐怖におびえ、単調な非人間的労働にも耐えるようになる。それが新自由主義の政策思想である。

失業率を高めれば、賃金を抑制することができ、コストも低めることができる。失業すると救済されないとわかれば、低賃金をも甘んじて受け入れなければならない。

しかし、そうなると、大量生産される生産物を購入することができなくなる。単純労働に分解して機械に従属させることによって、上昇した生産性の果実が高賃金として分配されて、大量消費が可能となったのである。低賃金に抑制されてしまえば、大量生産される生産物の購入が困難になることは明らかである。

そうなると、より単純労働に分解して、不正規従業員を雇用しようとする。あるいは低賃金を求めて、海外へフライトしていく。そうして低価格を実現したところで、それを購入する購売力は存在しないため、生産物があふれ出たとしても、販路を断たれることになる。

人間の歴史を愚弄してはならない。人間をより人間的に使用していく方向に、歴史の舵は切られなければならない。人間をより非人間的に使用しようとする新自由主義は、歴史を逆流させようとする政策思想といわざるをえない。

人間的労働への転換

スウェーデンの自動車会社ボルボのカルマー工場では、テイラー主義にもとづく流れ作業を廃止した。人間の労働に全体性を回復するためである。

カルマー工場ではまず、組立作業に従事する従業員をいくつかのチームに分割する。チームごとに一台の台車をもち、台車の上に自動車のシャーシーを乗せ、台車をチームで動かしながら、部品を取りつけていく。こうすればひとつのチームで協力しあいながら、部分労働ではなく、労働全体の意味を確保しつつ、労働をすることができる。

しかも、チームごとに生産計画を立案し、執行して、かつチームごとの成果を評価することができる。つまり、立案(plan)、執行(do)、評価(see)という職務循環全体を自己完結的に担うことができる。

もっとも、現在ではボルボも台車方式ではなく、トヨタの自己完結ラインに近い方式を採用している。それにしてもボルボが、人間のより人間的な使用による生産性の向上をめざしていることには変わりがない。

産業構造を転換したスウェーデン

このように従来型の重化学工業でノンテイラー主義を展開するだけでなく、知識社会をめざすスウェーデンは、「世界最強のＩＴ(情報技術)国家」をめざして産業構造の改革に取り組んできた。ストックホルムから一五キロメートル離れたシースタ・サイエンスパークには、スウェーデンの代表的企業エリクソンはもとより、フィンランドのノキア、それにインテル、IBMなどの世界の情報技術産業が集結している。

このように情報技術産業の集中するシースタ・サイエンスパークは、「ヨーロッパのシリコンバレー」とか「ヨーロッパのワイヤレスバレー」と呼ばれている。世界最強のIT国家をめざしたスウェーデンにはアメリカの調査会社も脱帽し、二〇〇〇年の調査でアメリカを二位とし、スウェーデンを世界最強のIT国家と認定したのである。ちなみに日本は、この調査では一〇位にとどまっている。

一九九〇年代は日本では、「失われた一〇年」といわれている。九〇年代に、日本は、ひたすら人件費の削減で国際競争力を強めようとしてきた。しかし、スウェーデンでは産業構造の転換をはかったエポックとなっている。

スウェーデンは日本と同様に八〇年代後半から、金融自由化に走り、バブルに踊ってしまった。しかし、九〇年代の初頭にスウェーデンは、不良債権処理銀行を設立して、不良債権を一挙に処理してしまうと、九〇年代を「産業構造転換の一〇年」としたのである。

スウェーデンは知識集約型産業の付加価値を一九九二年から九八年にかけて、ほぼ倍増させている(図4・1)。つまり、スウェーデンは九〇年代に知識集約型産業を基軸とする産業構造に転換をはかったのである。

知識集約型産業を基軸とする産業構造を内包する知識社会といえば、日本では、情報とともに人とものが動きまわる社会をイメージしがちである。それは、大量生産・大量消費の延長線上で未来を見ようとするからである。

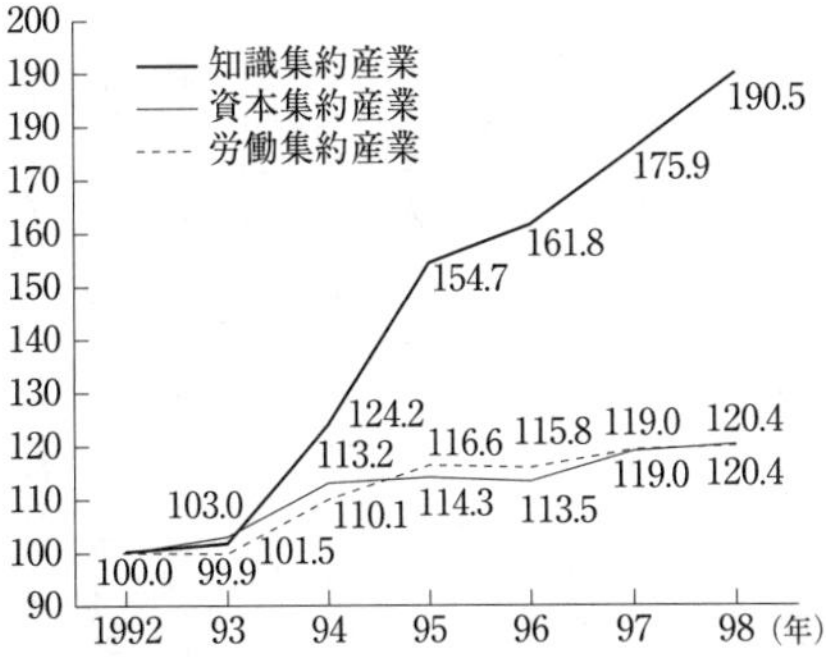

図4.1 スウェーデンの産業構造の変化(縦軸は1992年を100とした付加価値指数.スウェーデン雇用者同盟による)

しかし、知識社会は情報を動かすことによって、人やものの動きを少なくする社会である。さらに、人間と人間との情報交流により、人間と自然との質料転換を最適にしようとする社会である。

市場社会とは、生産の場である企業と、生活の場である家計とが分離している社会である。空間的にも生産の場と生活の場が分離し、機械のリズムにあわせて、生活の場から生産の場へ通勤しなければならない。

ところが、知識社会になると、在宅勤務が進む。

そうなると、人間が移動することによって費やされるエネルギーも節約され、移動によって生じる排気ガスなどの自然破壊も少なくなる。

生産物市場へのアクセスもエネルギー節約型になる。インターネットで注文すれば、スウェーデンではユニバーサルサービスの郵便制度が商品を運んでくれる。

しかも、知識社会では大量生産・大量消費されていた製品の注文生産が可能となる。自動車にしてもオーダーエントリーシステムが確立されると、購入者が自分の好みにおうじた車を、オーダーメイドで手に入れることができる。

注文を受けてから、注文者の仕様におうじた車を工場で生産し、注文者の手元に一週間もあれば届けることができるようになる。もちろん、こうした多品種少量生産のもとでは、大量生産・大量消費のもとで生じていた無駄もなくなり、自然破壊的ではなくなる。

情報を交流すれば、自然破壊は回避することが多方面で可能となる。スウェーデンは原子力発電の廃止を決定した。一九九九年現在で発電電力の四七%を原子力発電に依存していたが、国民投票の決定にしたがって、九九年一一月三〇日にバーシュベック原子力発電所一号機を停止したのである。

原子力発電を停止していくには、情報を活用したエネルギー節約が必要となる。家庭で水などを温めるだけであれば、ソーラーシステムを使用する。コミュニティの街路を照らす灯りであれば、コミュニティごとの小さなバイオマス発電で実施する。そうしたエネルギー節約にも、情報による制御が実行されていく。

知識社会ではコンビナートも、巨大都市も必要としない。日本では、そうした知識社会をめざしてハンドルを切らずに、歴史を逆流させる構造改革をおろかにも実行するから、悲劇が開演されてしまうのである。

5　ワークフェア国家へ

ノンテイラー主義で組織革新

スウェーデンでは、環境教育の教科書『視点をかえて』で、人間には所有欲求と存在欲求がある、と子どもたちに教えている。そして、人間にはこれら二つの欲求があるが、工業社会とは存在欲求の犠牲において所有欲求が圧倒している社会である、としている。

所有欲求とは、人間の外側に存在する事物を所有したいという欲求であり、「経済人」の人間観に通じる。これに対して存在欲求とは、人間が他者と調和したい、あるいは自然と調和したいという欲求である。知識社会になれば存在欲求が所有欲求を上まわる、とも教えている。

情報とはin-formeraつまり「形を付与する」という意味である。ただの鉄よりも、加工した鉄のほうが多くの情報量を含んでいる。知識社会ではものを情報や知識というオブラートで包む、といったのもそうした意味である。

『視点をかえて』ではさらに、テレビは物質の量にくらべて大量の情報量を含んでいる、と教えている。情報は量を質に変えることができる、あるいは量を情報に変換することができる、と表現してもいい。

それゆえに、知識社会では、社会の発展が量的拡大である経済成長とイコールではなくなる。そうだとすると、経済人としての人間観にもとづいて、むやみに市場経済の領域を拡大しても意味がない。

たしかに、重化学工業を基軸とするケインズ的福祉国家という、経済システム、政治システム、社会システムの結合方式は行きづまっている。とはいえ、知識集約型産業を基軸とする知識社会を創出するには、ケインズ的福祉国家を解体して、市場経済つまり経済システムをむやみに拡大する構造改革を実行しても、社会的危機が激化するばかりである。

テイラー主義にもとづく生産性の向上が行きづまれば、ケインズ的福祉国家を支えていた豊かな税収が途絶えてしまう。それだからといって、規制緩和をして、「賭け事」に手を出してみても、社会的危機は深まるばかりである。正業がうまくいかないからといって、賭け事に手を出せば、傷口を大きくするだけだからである。

ブレイクスルーしなければならない課題は、飢餓的貧困が解消されたため、大量消費を支えた画一的な需要が減退し、より高次元で多様化した需要にテイラー主義では対応できず、かつ生産性を上昇させられない点にある。求められているのは、テイラー主義を克服することであり、ノンテイラー主義による組織革新なのである。

テイラー主義は、ピラミッド型の中央集権的経営組織を前提にしている(図5・1)。トップの決定をトップダウンで、効率的に下部組織に執行させていくことが意図されているからである。

トップの決定を支援するスタッフ部門では、人事、経理、企画部門などと機能別に組織化される。課業を遂行する作業者は、立案(plan)―執行(do)―評価(see)という職務循環のうち、執行のみを担当する。

職務の遂行目標、つまり立案はトップダウンで決定され、課業遂行の結果も、トップダウンで評価される。スタッフとライン、あるいは企画と執行との分離を前提に、職務が上から設定されるのである。

製造部門にしろ販売部門にしろ、課業の遂行者は職務分析で設定された課業を、作業指導要領書にしたがって規定どおりに遂行することが要求される。職務評価も、トップダウンで設定された課業目標を規定どおりに達成したかどうかでおこなわれる。

しかし、多様化した市場の需要動向をもっとも的確に認識できるのは、市場に接している末端の課業遂行者である。ところが、テイラー主義にもとづくピラミッド型組織では、末端の課

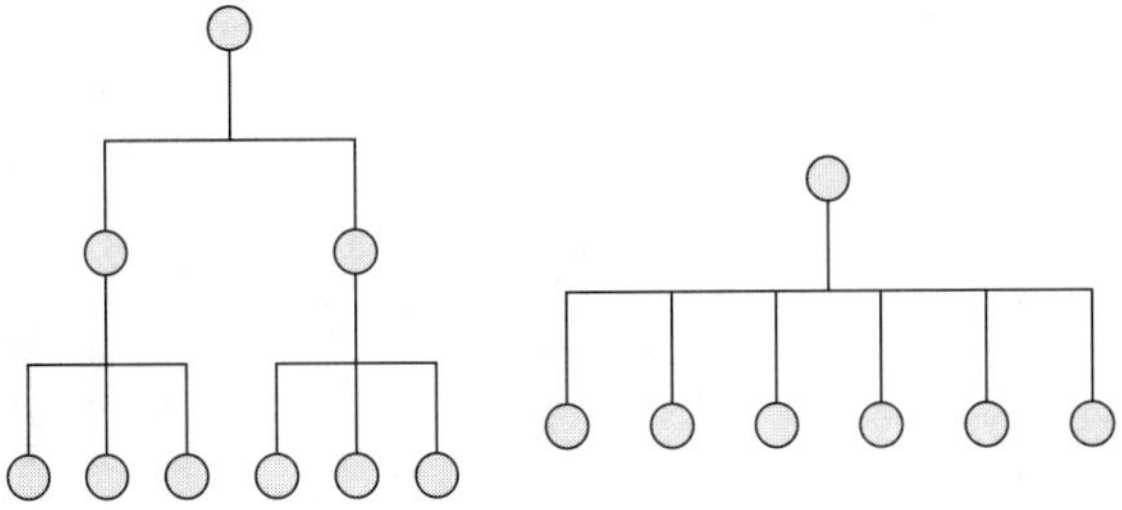

図 5.1　ピラミッド型組織とフラット型組織

業遂行者には、企画する権限は与えられていない。製品企画は市場からもっとも遠く離れたピラミッド型組織のトップにある。

多様化した需要に対応できないというテイラー主義の欠陥を克服するには、機能別に組織をピラミッド型に形成するのではなく、立案(plan)—執行(do)—評価(see)という完結した職務循環を遂行できる組織単位を、フラット型に組織化することである(図5・1)。もちろん、この組織単位には完結した職務循環の権限が与えられ、人事や経理などの組織機能を包括的にそなえている。

組織をピラミッド型ではなく、フラット型に再編することにより、決定権限を分権的に市場に近いところに降ろし、市場の多様な需要に対応していくことになる。スウェーデンの企業はこうしたフラット型組織を導入しているが、それを「ヴァイキング」の軍団組織から学んだといわれている。

相互協力と自発的創意が引き出される

アメリカの心理学者マズローの欲求段階説によると、人間の欲求は生理的欲求、安全欲求、社会的欲求、自我欲求、自己実現欲求という、低次から高次の欲求へと段階的になっていることは、すでに述べた。低次の欲求が充足されてしまうと、いくら賃金を引き上げても、仕事のやりがいなどの高次欲求の充足を求めるようになり、労働の志気が上昇しないことになる。

かりに、原子力発電が危険だからといって、人力発電に切り換えたとしよう。発電機にとりつけられたベルトの上を、ハツカネズミのように走りながら、ベルトを動かして発電をする。このように人間を動力源として非人間的に使用するとすれば、生理的欲求や安全欲求という低次の欲求が充足されるまでは働くかもしれない。しかし、そうした低次の欲求が充足されてしまうと、賃金を上げたとしても、働く意欲は生じない。

ところが、スポーツクラブやアスレチッククラブに行けば、料金を支払っても、ベルトの上を走ってスリムになろうとしている。スポーツクラブでは、その他にも単調な運動を、料金を支払ってでも実行している姿を目の当たりにする。

スポーツクラブで単調な運動を料金を支払ってでもくりかえしている理由は、単調な運動をしている人が、自分の行為の意義を自分で理解しているからである。しかも、自分で作業の目標を設定している。一週間のうちで何日かは何時間運動をする、あるいは体脂肪を一ヵ月で落とすという目標をめざして運動をする。このように自分で目標を設定してしまうと、単調な運動でも意欲をもっておこなえるのである。

これが目標による管理である。作業者は自分の作業を理解し、自分で作業の目標を決定する。そうすると、高次の欲求を充足することができ、インセンティブとなる。賃金は一定水準まではインセンティブになるが、それを越えてしまうとインセンティブとはならないのである。

ノンテイラー主義で組織化されているスウェーデンの企業では、企業目標はボトムアップで決定される。もちろん、目標達成の評価も自己評価となる。そうなると自己の職務遂行の成果と意義を、従業員が自ら実感できるようになる。

しかも、一定の条件を越えると、従業員代表を取締役に選任しなければならない。もちろん、選任された従業員の代表者は、経営者として行動しなければならない。

新たな産業構造を創出するには、テイラー主義的中央集権的経営組織を分権化しなければならない。ノンテイラー主義による組織革新は、人間の相互協力と創造力を引き出すことを可能にする。マズローの言葉でいえば、社会的欲求や自我欲求、自己表現欲求という人間の高次欲求を充足することができるといっていい。つまり、ノンテイラー主義による組織革新は、知識集約型産業を基軸とする産業構造を創出する前提条件となる。

地域開発グループと政府による支援

経済システムの内部構造として、企業組織をテイラー主義からノンテイラー主義へと革新することを、政治システムが支援する必要がある。その支援も、草の根から生じるボトムアップへの支援でなければならない。

工業が衰退したスウェーデンでは、工業の衰退によって停滞した地域経済を再生する運動が、ボトムアップで生じている。地域社会に自発的に地域開発グループが結成されている。地域経済を再生するための地域開発グループが、全国に四〇〇〇以上も存在しているのである。

市町村つまりコミューンの数は二八〇程度であるため、サブコミューンごとに地域開発グループは形成されていることになる。こうした自発的な地域開発グループを、産業雇用情報省が支援していく。

地域開発グループが起業する産業は、大きく三つある。ひとつは情報技術(IT)にかかわるような知識集約型産業である。もうひとつは児童福祉などの対人サービスをおこなう労働集約型産業である。最後のひとつが、地域の観光事業やそれにかかわる道路整備や地域整備、さらに地域文化のイベント事業である。

こうした自発的に組織化される地域開発グループを支援するために、政府は支援センターをレーンごとに設立している。レーンとは、日本でいう道府県にあたる。もっとも、レーンは地方自治体ではなく、中央政府の行政区画である。道府県にあたる地方自治体はランスティングである。北部のひとつの地域でレーンだけが設定されていることを除くと、レーンとランスティングは重ね書きのように一致している。

支援センターは、上から地域開発グループを組織化することはしない。あくまでも地域住民がボトムアップで、新たな職をつくるために組織する地域開発グループを支援することになる。

地域開発グループは、地域経済の発達をめざしてはいるが、経済システムのみが成長することを課題としているわけではない。スウェーデン政府によると、地域開発グループのもっとも重要な成果は、ローカルアイデンティティ、つまり地域社会への帰属意識が醸成され、地域社会の民主主義を回復させたことにある。つまり、地域開発グループによる地域経済再生運動は、経済システムの活性化だけではなく、社会システムや政治システムの活性化にも結びついていたのである。

人材育成こそが支援

スウェーデンの経験に学べば、工業が衰退した地域経済を構造的に改革するために、もっとも重要な要因は、人間の創造力そのものである。人間の創造力は、人間の自主性や自発性なしには高まらない。それゆえにスウェーデンでは、地域住民が自発的な創造力で、地域社会の需要を把握して地域開発グループを形成する。こうした地域開発グループは、地域社会の新しい需要に対応した財・サービスを供給するために、新しい能力を修得する必要がある。そうした能力を修得し、それを組織化していくことを支援することが、政府の支援センターの任務となる。

しかも、人間の創造力を高めることは、人間と自然との物質代謝という意味での経済活動を活性化するだけでなく、人間のきずなや人間の結合力をも強める。それゆえに、地域開発グループの運動は経済システムだけでなく、政治システムも社会システムも活性化させていたのである。

地域開発グループは自発的協力にもとづく組織であり、社会システムと経済システムとの境界線上に存在する協同組合ということができる。そうした協同組合を支援する支援センターのサービスは、人材育成という広義の教育サービスとなる。

もちろん、スウェーデンでも、人材育成というヒューマンウエアだけでなく、情報技術インフラとしてハードウエアを重要だと認識していないわけではない。知識社会の社会的インフラストラクチュアは、道路や港湾などの物的社会資本ではなく、パーソナルコンピュータだと考えて、企業を通じて従業員に、ほぼ無償でパーソナルコンピュータを配付している。知識社会では、情報技術のハードウエアが社会インフラストラクチュアの重要な構成要素となることはまちがいない。

とはいえ、スウェーデンではハードウエアよりも、ソフトウエアを担うヒューマンウエアを重視している。そして「世界最強のＩＴ国家」を合言葉に、ＩＴ教育の強化に取り組んでいるのである。

スウェーデンがＩＴ教育を重視するのは、ＩＴのハードウエアの整備のみを重視すれば、アメリカのようにデジタルデバイドが生じてしまうからである。つまり、ＩＴにアクセスできる能力のある者とない者とのあいだに、所得間格差が生じるからなのである。

そこで、ＩＴを教育するスタッフを六万人雇用する計画を策定している。国連は、ＩＴを教育するスタッフが世界で一〇〇万人不足していると指摘しているが、スウェーデンはいち早く教育スタッフの養成に着手している。

しかも、驚くべきことに、ＩＴ教育を就学前学校、つまり保育園からはじめている。すべて共稼ぎ夫婦だといってもいいスウェーデンでは、子どもが誕生すればすぐに保育園に通わせることになる。その保育園にパソコンがあり、子どもたちは遊びながらＩＴを学んでいくのである。

子どもの頭は舌を巻くほど吸収が速い。ＩＴを学んだ子どもたちが親にＩＴ教育をすることになる。子どもから親へという教育のほうが効果的なのだ。

とはいえ、遊び感覚で学ぶＩＴには限界がある。このキーを押せばこうなるという反応を学ぶことにとどまってしまうからだ。それでは人間が機械を使いこなすことにはならず、逆に機械に使われてしまう。

学問では深さと幅は比例する。学問を深めようとすれば、幅を広げなければならない。スウェーデンで一九九七年から展開している「成人教育計画」では、失業者で日本の高等学校に相当する後期中等教育を受けていない者に対して、教育を無償で提供することはもとより、生活費を保障したうえで、成人高等学校などの教育を受講させている(くわしくは一三六ページ以下参照)。

それればかりではない。人間の能力を向上する教育そのものが、知識社会の社会的インフラストラクチュアになるとして、一九九七年から「知識向上プロジェクト」を展開しているのである。

情報化に対応して知識社会を築きあげている北ヨーロッパ諸国はいずれも、公的教育負担の比率が高い

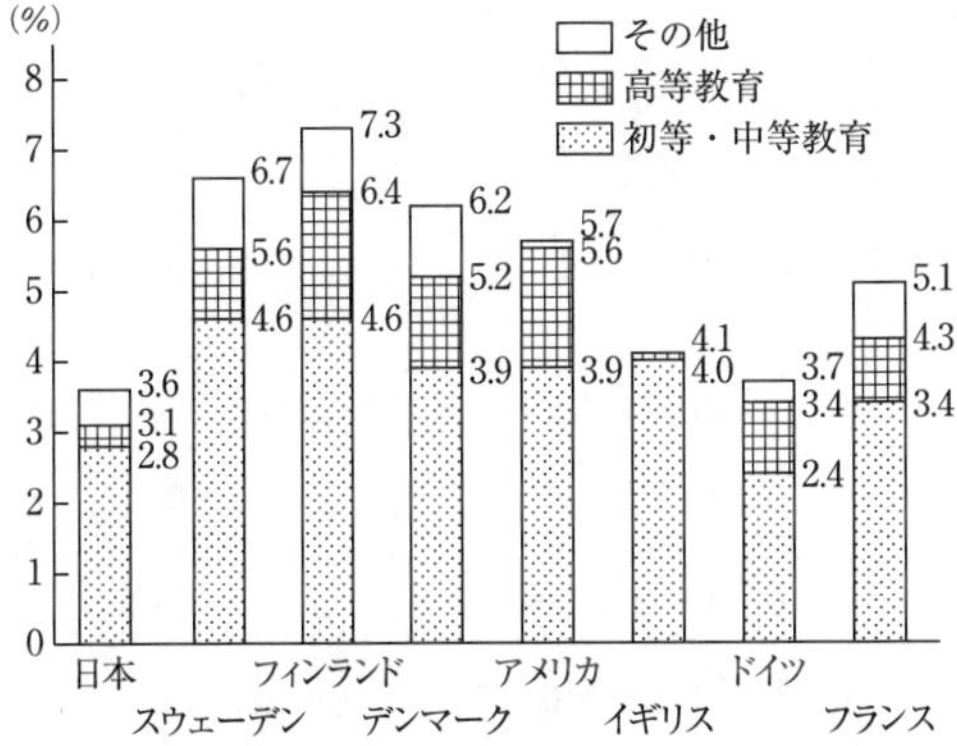

図 5.2　各国の公立学校教育費の対 GDP 比

（図5・2）。公的教育機関に対して支出される教育費の対GDP比は、各国にくらべて日本が最低である。スウェーデンは初等・中等教育だけで、日本の公的教育機関に対する全支出を上まわっている。情報産業の世界的企業ノキアの母国フィンランドは、日本の二倍を上まわる教育支出をしている。

日本の公的教育機関に対する教育費の対GDP比は三・六％と、アメリカの五・七％を大きく下まわっている。市場化、市場化とアメリカに踊らされているうちに、ついにはアメリカをも大幅に下まわる惨状となっているのである。こうした教育に対する支出を怠り、

人間の能力をないがしろにして、国際競争力、国際競争力といってみても、国際的に太刀打ちできるはずもないのである。

しかも、教育を重視したスウェーデンは、大学をはじめとする高等教育機関に蓄積された研究開発技術を、地域企業を中心に技術移転を進めている。つまり、大学と地域企業との連携を強めた研究開発を推進しているのである。

人間の生活が営まれている社会システムが醸成する自発的協力を支援しながら、経済システムの構造転換を進め、経済発展が結果として実現していく。フラット型組織によって人間の創造力を引き出そうとする企業に対しても、政治システムは補助金などによる支援を惜しまない。しかし、それはボトムアップで生じる人間の変化を、政治システムが支援しているにすぎないのである。

政府は、社会の構成員による自発的協力を克服するために誕生したことを思い出してほしい。工業が衰退するにつれ、新しい産業を創設するための自発的協力が草の根で生じてくる。そうした新しい産業を創出する自発的協力の限界を克服するために、政府がそれを支援することになる。

新しい産業を自発的協力で創設するために実施する支援とは、新しい産業を創設するための前提条件の整備ということができる。工業社会であれば、工業社会の生産決定要因である労働手段の延長線上としての道路、鉄道、港湾などの交通手段が、生産の前提条件となる。

知識資本を蓄積する

そうした生産の前提条件は、工業社会から知識社会へ転換を遂げるエポック、つまり時代の転換期では変化する。重化学工業を支える前提条件ではなく、情報・知識産業を支える前提条件を整備しなければならないからである。知識社会の生産決定要因が、生産の主体である人間そのものであることを考えれば、人間そのものの能力を高めることが生産の前提条件となる。

もっとも、家族やコミュニティが従来おこなっていたような労働集約型産業も拡大する。したがって、人間の知的能力の向上とともに、人間と人間との共同体的きずなも、生産性を決定する重要な要因となる。

人間と人間との共同体的きずなは、知識集約型産業の生産性をも高める。新たな人間の知識を創造するには、個人個人がいかに新たな知識を創造するかというだけではなく、協力して知識を交換しあうことが重要になるからである。

それは、知識社会のステータスシンボルが、所有欲求から存在欲求へと移ることを意味する。

工業社会ではいかに貯蓄し、所有したかがステータスシンボルとなっていた。しかし、知識は個人的に貯蓄してしまうと死滅してしまう。学問の世界で偉人とは、所有欲求によって知識を所有した人間ではない。いかに知識を他者に与え、学問に貢献したかによって決められるのである。そうした学問の世界を考えれば理解できるように、知識社会では所有欲求ではなく、存在欲求がステータスを左右する。

ということは、知識社会では、家族やコミュニティでの価値観が、トータルシステムとしての価値観をも支配することを意味する。経済システムの価値は所有欲求によって決まる。しかし、家族やコミュニティという社会システムでは、他者に献身することがステータスを高める。それは家族やコミュニティでは、所有欲求よりも、人間と人間とのふれあいとしての存在欲求が重視されるからである。つまり、所有欲求よりも存在欲求がステータスシンボルになる知識社会の価値観は、社会システムの価値観なのである。

こうしてみてくると、知識社会における生産性の向上には、二つの要素が重要になることがわかる。ひとつは、個人的な知的能力である。もうひとつは、知識を自由に与えあう人間のきずなである。前者の個人的能力と、後者の人間のきずなをあわせて「知識資本」と呼ぶと、知識社会では知識資本の蓄積が生産を決定することになる。

知識資本の蓄積には、巨大な資金と長期の時間を必要とする。そのため、社会の共同事業として、財政で実施するしかない。つまり、個人的な知的能力を高める教育サービスを、社会の共同事業として供給しなければならないことになる。

しかし、知的能力を高める努力は、他者が強制しても意味がない。教育サービスを公共サービスとして供給しても、それだけでは知的能力の向上に結びつくとはかぎらない。人間に向上しようとする意欲がなければ、水を飲みたくない馬に水を飲ませようとするような結果になってしまうからである。

ところが、スウェーデンで子どもたちに教えているように、人間は誰もが学びたいという欲求をもっているので、そうした心配は杞憂にすぎない。もちろん、そのためには条件がある。それは生理的欲求や安全欲求という低次欲求が、安定的に充足されていることである。さらに、協力しあうという社会的欲求も、安定的に充足されている必要がある。低次欲求を安定的に充足し、社会的欲求を安定的に充足するためには、家族やコミュニティという社会システムが有効に機能していなければならない。

後者の協力しあうという人間のきずなについては、公共サービスで供給するというよりも、自発的協力で結ばれている社会システムそのものの機能を活性化することになる。つまり、社会システムが有効に機能していることが必要となる。

財政は、分離している社会システムと政治システムとを結びつける媒介環である。しかし、社会システムを有効に機能させなければならない知識資本の蓄積には、財政による公共サービスだけでなく、社会システムと財政との融合が必要となってくる。

ハーバード大学のパットナムは、北イタリアと南イタリアの地域社会を実証的に調査して、北イタリアが南イタリアよりも経済的発展という点ですぐれているのは、北イタリアには強固な人間のきずなが存在していることを明らかにしている。こうした人間のきずなを「社会資本」と呼ぶと、経済発展にとって人間のきずなとしての社会資本が決定的な役割を演じることを、パットナムは明らかにしたのである。

スウェーデン政府も、企業振興にとって社会資本が決定的重要性をもつと強調している。企業活動にとってだけではない。政治活動や公共活動にとっても、社会資本が決定的に重要だとしているのである。社会資本とは、相互信頼、共同価値、連帯そして市民精神の問題だという。

知識社会の生産性を決定する要因が、個人の知的能力と、そうした知的能力を相互に与えあう人間のきずなである社会資本とから構成される知識資本だとすれば、知識資本は政治システムが財政を通じて供給する公共サービスとともに、政治システムと社会システムの融合が重要な要素となる。というのも、社会システムの自発的協力こそが、政治システムが財政を通じて経済システムに供給する公共サービスの質を決定してしまうからである(図5・3)。

工業社会では、財政は社会システムを保護する公共サービスと、経済システムを支援する公共サービスを供給している。社会システムは、要素市場を通じて労働サービスを供給し、そのかわりに経済システムから生産物を購入して人間の生活を営んでいる。

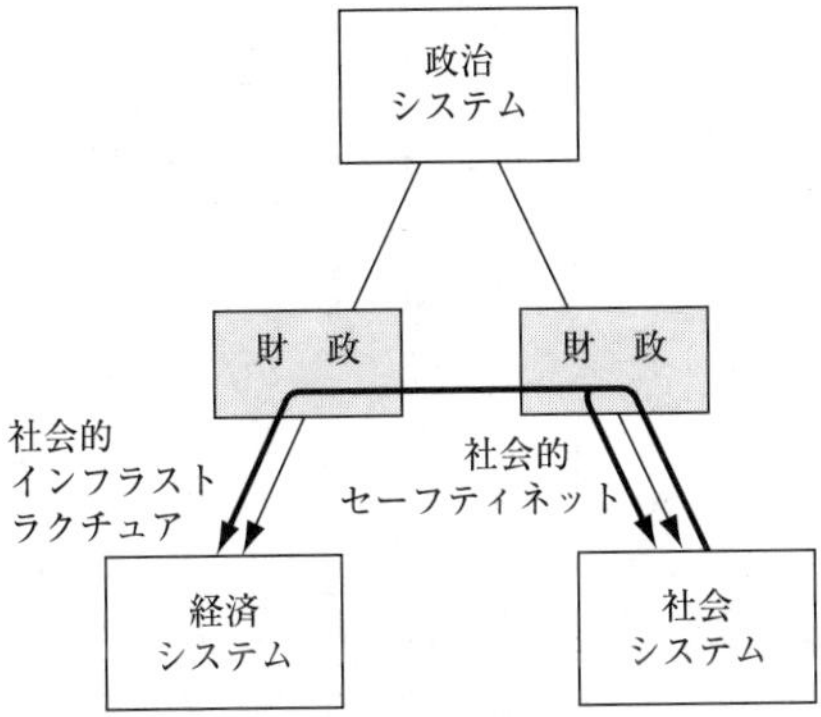

図 5. 3　強制的協力と自発的協力の融合

ところが、知識社会になると、財政が社会システムに供給する公共サービスが、社会システムを保護するだけでなく、社会システムの機能を活性化させる機能が加わる。社会システムが活性化すると、それが社会資本となって、財政が経済システムを支援する公共サービスとも融合して、経済システムも活性化するからである。

もっとも、政治システムが社会システムを活性化させようとするのは、経済システムを活性化させるためだけではない。社会システムを活性化させる目的は、社会システムで営まれる人間の生活をより人間的に活性化させることにある。つまり、知識社会とは人間そのものの生活を直接、活性化させることを追求できるようになった社会であり、経済システムの活性化はその結果にすぎないのである。

くりかえすと、農業社会であれば、人間がはたらきかける対象としての自然が生産の優劣を決め、工業社会であれば、人間が自然にはたらきかける手段である機械設備が生産の優劣を決めるかもしれない。しかし、知識社会では、エレクトロニクスを想起してみても、バイオテクノロジーや新素材を想起してみても、自然にはたらきかける主体である人間の創造力が生産の優劣を決めることがわかる。

人間の創造力は、抑圧からは生まれない。ブレーンストーミングのような自由な発想を生み出す組織が形成されていなければならない。そのためには、自己実現の欲求を充足できるようなフラット型組織が必要なのである。

ところが、新自由主義的構造改革は、フラット型組織のようなノンテイラー主義ではなく、より人間の労働の最適化をめざすネオテイラー主義を志向してしまう。それは、旧来型の産業構造を維持することを前提としているからである。

経済・政治・社会の連関を転換する

歴史のエポックでは、人間はかならず暗澹たる長期不況に苦悩する。しかし、そこから栄光への脱出を試みるとすれば、人間の自然へのはたらきかけの方法の転換、つまり産業構造の転換をはかるしかないのである。

知識社会への道は、経済システムの内部構造や組織を変革することだけでは築くことはできない。人間が自然に挑戦する経済とは、トータルシステムとしての社会の、総力をあげた挑戦である。棉花の栽培の背後には、トラクターや肥料を運ぶ交通機関があり、トラクターや肥料を創造する研究機関や教育制度があることを思い出してほしい。経済システムは、社会システムや政治システムと有機的に連関して、はじめて機能するのである。

話は逆かもしれない。社会システムで営まれる人間の生活を、より人間的に高めるために、経済システム、政治システム、社会システムという相互連関を転換していく必要があるのである。

ケインズ的福祉国家では、重化学工業を支えるために、全国的に整備された交通網などを、社会的インフラストラクチュアとして経済システムに供給する。それとともに社会システムに対しては、社会システムで営まれる人間の生活を保護するために、現金給付を支給する。全国的な交通網を整備するには、中央政府が集権的に公共事業を実施するしかない。現金給付による所得再分配も、中央政府が集権的に実施するしかない。地域社会の内部で所得再分配を実施することは意味がないからである。

そのため、国民から遠い政府という政治システムを形成せざるをえない。つまり、ケインズ的福祉国家における政治システムとは、参加なき再分配民主主義にもとづいていたのである。ところが、ケインズ的福祉国家の時代は終わりを告げた。エポックを越えるには、現金給付による所得再分配で社会的セーフティネットを張り、公共事業を実施して需要サイドから経済システムに介入しても意味がない。知識資本を蓄積して、イノベーションを巻きおこす、供給サイドからの経済システムへの介入が必要となる。

サービス給付を地方政府が担う

知識資本を蓄積するには、教育や研究開発など、人間の能力を向上させる公共サービスに加えて、人間のきずなとしての社会資本が重要な役割をはたす。社会資本とは、自発的協力にもとづく社会システムそのものの機能といっていい。

しかも、教育や研究開発も上からではなく、下からの自己実現欲求の充足に裏打ちされなければならない。そこで知識資本の蓄積は、遠い政府ではなく、身近な政府が担わざるをえなくなる。

ケインズ的福祉国家における社会システムの保護は、現金給付を基軸としていたため、社会システムの機能を引き上げるのではなく、社会システムが供給していた無償サービスを、市場から購入するように、現金を給付するだけである。そのため、社会システムの自発的協力にもとづく機能は弱まる方向にはたらく。

しかも、人間が人間としての尊厳を維持する権利があるがゆえに、現金給付は支給されるはずである。ところが、ケインズ的福祉国家のもとでは、社会保障の拠出金を支払っているから現金給付が支給される、と本末転倒して考えられてしまう。

しかし、社会保障は、社会システムの構成員が共同事業として実施しているはずである。ところが、現金給付が転倒して考えられてしまうと、社会システムの共同事業を政治システムが財政を通して実行していることが目に見えなくなってしまう。

そこで遠い政府の現金給付ではなく、身近な政府の「現物」給付、つまりサービス給付で、社会システムでの人間の生活を保障する必要が生じてくる。社会システムの共同事業として実施してきた福祉や医療や教育を、地方政府が公共サービスとして供給して、人間の生活を保障していくことになる。

現金を給付して生活を保障するのではなく、幼児への育児サービス、高齢者への養老サービス、疾病者への医療サービスなどによって保障する。もちろん、人間の生活を支えるための雇用も、教育訓練サービスとして保障する。

こうしたサービス給付をする地方政府を、イギリスの政治経済学者ヘイの言葉にちなみ、「シュムペーター的ワークフェア地方政府(Local Schumpeterian Workfare State)」と呼んでおく。ワークフェアとは、ワーク(仕事)とウェルフェア(福祉)との造語である。ここではワークフェアを、知識資本への投資としての社会サービスと定義しておく。スウェーデンではワークフェアを「就業重視の福祉」として、積極的労働市場政策を展開している。

ワークフェアは現金給付ではなく、サービス給付である。知識資本は知的能力と社会資本とから構成されている。

知的能力を高めるには、自己実現欲求を充足するという自発性を必要とする。しかも、そうした自発性を引き出すには、生理的欲求や安全欲求という低次欲求が安定的に充足されていなければならない。

そのためには、福祉サービスや医療サービスが安定的に供給されている必要がある。しかも、教育訓練サービスはあらゆるライフステージでユニバーサルに供給されていなければならない。

「学び社会」スウェーデン

一九九〇年代に知識社会への転換に成功したスウェーデンでは、当時の不況過程で、あいついで大規模な教育改革を実施してきた。不況が深刻化する九一年に、学校法さらには教育法の抜本的改革が実施された。

スウェーデンでは地方分権が進んでいるので、こうした教育サービスを供給する主体は、コミューン、つまり日本でいえば市町村である。身近な政府である地方政府が提供するがゆえに、人間として成長したいという欲求に根ざした自発的な教育運動と結びつけることができる。福祉国家として知られるスウェーデンは、実際には「学びの社会」なのである。

身近な政府が国民の自発的運動に根ざしながら展開する教育では、人間そのものとしての成長が重視され、つぎのような特色が刻印される。

第一に、死の瞬間にいたるまでのすべてのライフステージで、教育の機会を保障するということである。それは、人間には死の瞬間まで、自己を変革して成長していこうとする欲求がある、という信念を背後理念にしている。

第二に、いかなる人間にも、人間として成長する機会が保障されるということである。それは障害者などを分離するセグリゲーション(分離教育)ではなく、学びの場を統合するインテグレーション(統合教育)、あるいは外国人、移民、難民などをも含めたインクルージョン(混在教育)として結実する。

第三に、それぞれの人間のかけがえのない能力を成長させるという観点から、技術教育、実用教育など、広汎な教育領域での教育を差別なく重視する。とはいえ、実用的な職業教育といえども、つねに人間として成長する教育を統合させて実施していることに特色がある。

こうした国民の学ぶことへの欲求充足を、政府は保障する責務を負う。東京にある遠山真学塾の小笠毅氏の言葉で表現すれば、学びの社会スウェーデンでは、「いつでも、どこでも、誰でも、ただで」学ぶことを保障することが、学びの原則となる。

人間が人間として成長していくことを、学ぶことだと考えるスウェーデンでは、一九九一年の教育改革で地方分権をいっそう推進していく。自発的な教育運動を裏づけることができるからである。

就学前学校

人間が人間として成長していくこと、そのものが学びだと考えると、人間として誕生したときから、学びがはじまる。そのためスウェーデンでは、誕生したときから、「就学前学校」が用意されているのである。

就学前学校の提供するサービスを供給する責任は、地方政府であるコミューンにある。とはいえ、自発的な教育運動と結びつけるため、就学前学校では地方政府の運営だけでなく、父母による協同組合形態、教員が経営する株式会社形態と、運営形態は多様化している。

こうした就学前学校は大きく、六歳までの児童を対象とする保育園つまり狭義の就学前学校、四〜六歳の児童を対象に時間保育を実施する半日保育、保育園や半日保育に通園していない六歳児までの児童を対象に、都合にあわせて利用できる公開保育室、それに六〜一二歳の就学児童を対象に課外保育を実施する学童保育室、の四つに分類できる。

就学前学校は、一九九〇年代に強い福祉をめざしたスウェーデンが、福祉政策としてもっとも情熱を傾けた分野である。九五年に制定された新法律では、申請してから三〜四カ月以内に、地方自治体が児童保育を提供する責任を、地方自治体に課している。

したがって、児童保育は学びというよりも、福祉と位置づけるべきかもしれない。実際、就学前学校は「社会サービス法」によって規定されていた。

しかし、就学前学校も九八年からは、学校法にもとづくように改められ、所管も健康福祉省から教育省に移されている。つまり、就学前学校も学びの場として位置づけられるようになったということができる。

ここにワークフェアを見出すことができる。つまり、福祉であると同時に、経済活性化のための人的投資なのである。実際、すでに述べたように就学前学校では、パソコンが設置され、情報技術教育も実施されている。情報技術教育は子どもから親へと教育したほうが効果的と考えられるからである。

一〇年間の義務教育

知識社会をめざすスウェーデンは、学校教育も一九九〇年代に強化している。スウェーデンの学校教育は、義務教育、後期中等教育、高等教育の三段階に分かれる(図5・4)。七歳からはじまる義務教育は、一五歳までの九年間が就学期間である基礎学校で実施される。九一年からは、希望すれば六歳児から基礎学校への就学が認められるようになった。さらに九七年からは、すべての六歳児を基礎学校へ就学させることを可能にする改革が実施された。

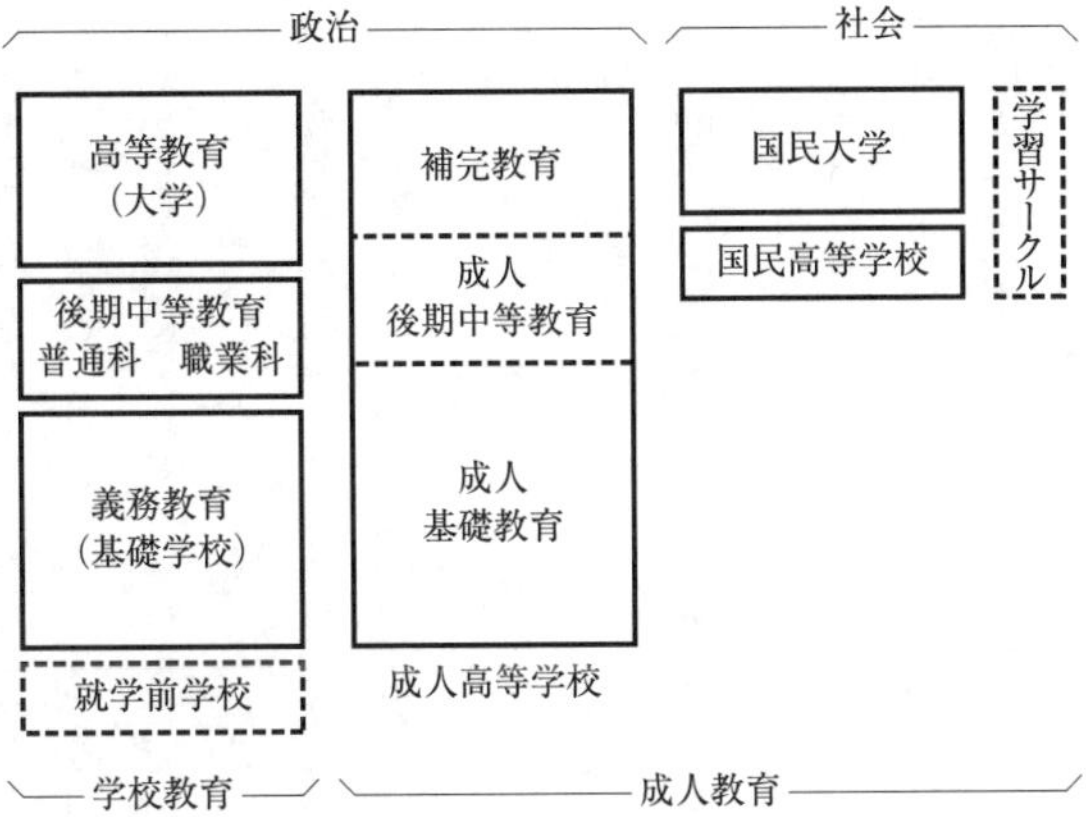

図 5.4　スウェーデンの教育制度

九年間の基礎学校の教育期間が、実質的には一〇年間に延長されたことになる。この改革で重要な点は、就学前学校は有償なのに対して、基礎学校での教育は無償だということである。教育法では、学校での教育に必要な物品は、地方政府が無償で提供しなければならないことになっている。そのため基礎学校への修学可能年限の引き下げは、「いつでも、どこでも、誰でも、ただで」の原則の適用範囲を拡大したことを意味する。

基礎学校を修了すると、日本の高校に相当する後期中等教育に進学することになる。ところが、九一年の教育法の改正によって、九二年から、義務教育修了者全員に対して、地方政府が後期中等教育を提供することが義務づけられた。この結果、後期中等教育への進学率は九八％となり、実質的に後期中等教育までを義務教育化したといえる。

ここで注意しておきたい点は、後期中等教育が、大学進学準備のための普通科、就業準備のための職業科に分かれていることである。しかも、後期中等教育在学者の四五％が普通科に、五五％が職業科に在籍している。スウェーデンの高等教育つまり大学への進学率は三一％である。後期中等教育では職業教育が充実しているために、大学進学率も三一％にとどまることになる。大学教育も無償であり、九三年の大学法改正によって、大学教育の充実もはかられている。

成人高等学校

人間には死の瞬間まで学ぶ欲求がある。そのため、教育サービスはすべてのライフステージに供給されなければならない。したがって、教育サービスは学校教育と成人教育の二本立てになっているのである。

スウェーデンでは地方政府が、学校とともに、二〇歳以上の成人を対象とする教育機関である成人高等学校を設置しなければならないことになっている。この成人高等学校は、二〇歳以上の成人に対して、日本の高等学校にあたる後期中等教育の教育課程を中心に、義務教育課程の教育と補完教育を実施している。

知識社会をめざすスウェーデンでは、後期中等教育を修了していなければ、原則として労働市場に参加できない、つまり就職できないようにしている。そのため、何らかの理由で、後期中等教育までの教育を修了していない者に対して、後期中等教育課程までの教育機会を提供することが、成人高等学校の任務となる。成人高等学校における義務教育課程の受講者は、そのほぼ半数が外国人である。

成人高等学校は同時に、後期中等教育修了者に対して、補完教育と呼ばれる職業教育を実施する職業訓練機関でもある。つまり、学校教育で修得した人間的能力を、職業的能力に結びつけるように補完する教育をも実施しているのである。

前述のように、就職するには、後期中等教育の修了が条件となる。しかし、後期中等教育を修了しても、就職先を見出せない二〇歳までの者に対しては、地方政府が責任をもって対策を講じなければならないことになっている。成人高等学校の補完教育は、こうした未就職者対策としても機能している。

成人高等学校は、失業者の職業転換を促進するためにも動員されている。スウェーデンでは、一九九七年から知識向上プロジェクトを展開し、国民全体の知的能力の向上をはかるとともに、知識社会に対応した職業転換を推進した。この知識社会に対応した職業転換を推進する政策が、九七年からスタートした「成人教育計画」である。成人教育計画では、失業者のなかで後期中等教育を受けていない者にターゲットが絞られている。

社会民主党政権は一九九七年から五年間、成人高等学校の定員を大幅に増加するとともに、九六年から三年間、試行的に成人高等学校に新たに職業訓練を実施させた。後期中等教育を修了していない失業者に後期中等教育を受講させることはもちろん、後期中等教育修了者を対象として、知識社会に対応した高度職業教育をおこなうことも、成人高等学校の任務となったのである。

教育サービスは知識社会のインフラ

スウェーデンにも、労働市場省が所管する職業紹介所と職業訓練所がある。失業すれば、職業紹介所にいく。そこで自分の職業能力を登録して、職業を見つけることができれば問題はない。

しかし、知識社会をめざして産業構造が転換していくとすれば、ふつうは、既存の職業能力では就職先が見つからないことになる。既存の職業能力では就職は無理だが、プログラマーの仕事ならあるとする。そうなると職業訓練が必要となる。もちろん、そうした職業訓練は職業訓練所で実施される。

しかし、プログラマーの職業訓練だけでは無理で、むしろ前提になる数学的基礎学力が欠けているとする。その場合には、成人高等学校に入学することになる。

どのような能力が欠如しているかを判断することは困難だと思われるかもしれない。しかし、実際には容易である。というのも、試験的雇用制度があるからである。失業者が職業紹介所を訪ね、職業を紹介されると、その企業に試験的に雇用される。

スウェーデンでは政府が失業保険を運営しておらず、労働組合が運営している。しかし、政府は失業者に対して職業訓練手当を支払う。つまり、試験的雇用における賃金は、企業が支払うのではなく、職業訓練手当として政府が支払うことになる。

この試験的雇用で、どのような能力が必要かがわかる。その職務を遂行する能力が不足していた場合、職業訓練だけですめば、職業訓練を受ける。しかし、再教育として後期中等教育普通科の教育を受ける必要があれば、成人高等学校に入学すればいいことになる。

失業しなくとも、知識社会に適応すべく、職業能力をステップアップする必要があると労働者が自発的に望んだとすれば、すべての教育が無償であるため、大学に入りなおす場合も無償である。しかも、後期中等教育を修了した二五歳以上の国民で、四年以上の実務経験をもっていれば、かんたんなテストで大学にも入学できる。もちろん、後期中等教育を修了していなければ、成人高等学校に入学することになるが、成人高等学校も無償である。

教育費は無償だとしても、教育を受けている期間の生活費は必要となる。もちろん、失業者であれば、職業訓練手当が支給される。しかし、ステップアップするために教育を受けている者には支給されない。そのため教育ローンが準備されている。たとえば医者になろうとして、再教育として大学の医学部に入学すると、生活費は教育ローンで貸与してくれるのである。

こうした教育サービスによって、知識社会に必要な能力を育成し、産業構造の転換をはかっている。しかも、教育サービスは社会システムへの公共サービスであると同時に、経済システムに対するインフラストラクチュアにもなるワークフェアである。

6　経済の論理から人間の論理へ

構造改革の方向――日本とスウェーデン

経済にしろ政治にしろ、創造主は人間である。かけがえのない存在である人間が、経済や政治をも包摂するトータルシステムとしての社会をデザインする時代が、エポックである。

二〇世紀から二一世紀への世紀転換期のエポックを越えてはじまる時代が知識社会だとすれば、市場原理にもとづく経済システムが拡大するのではなく、協力原理にもとづく社会システムが拡大する時代だということができる。

ところが、構造改革の方向を見誤った日本は、市場原理にもとづく経済システムを拡大させようとして、かえって経済システムが失速しているのである。

これに対して、スウェーデンが知識社会への構造改革を着実に進めているのは、協力原理で営まれる社会システムを拡大する方向に、ハンドルを切っているからである。それは、人間の知識資本を高め、人間を資本エンパワーメントする構造改革だといいかえてもいい。

スウェーデンを見ると、知識社会では、社会システムが経済システムと政治システムの方向に拡大していくことがわかる。この社会システムには、家族やコミュニティという集まることのみを目的にするインフォーマルセクターと、特定の目的のために自発的に集まる非営利組織(NPO)などのボランタリーセクターがある。家族などのインフォーマルセクターは縮小しているが、それを非営利組織などのボランタリーセクターの拡大によって相殺しながら、社会システムが拡大しているのである。

日本では、政府が非営利組織とかかわるときには、財政負担を低めることが目的となる。「非営利組織を活用することによって、小さな政府をつくろう」が標語となる。

スウェーデンでは非営利組織は、法務省の民主主義問題担当部局が担当している。非営利組織を担当する若い女性責任者は、政府が非営利組織を支援するのは経済目的ではなく、政治目的にある、と明言している。つまり、民主主義を活性化させることが、非営利組織を支援していく目的なのである。

国民の誰もが、非営利組織である「協会」を結成する権利をもっている。しかし、あくまでも強制することはしない。国民による草の根の運動でなければ支援することはない。

こうした非営利組織には、協会(association)、協同組合(co-operations)、財団(foundation)がある。人口九〇〇万人弱のスウェーデンには、一五万に達する非営利組織がある。

国民が自主的に、少なくともひとつの非営利組織に所属し、民主主義教育、男女平等、機会均等、青少年活動、ハンディキャップ問題、環境問題などを推進していくことを期待しているのである。スウェーデンが現在もっとも重視している非営利活動は、青少年活動である。というのも、青少年の政治的関心がうすらぎ、選挙の投票率も青少年では七〇%程度と低くなってしまい、民主主義が危機におちいっていると考えられているからである。

政治システムは、自発的協力で営まれる社会システムの限界を、強制的協力で克服するシステムである。しかし、「民」つまり統治される者が「主」つまり支配する者となっている市場社会の政治システムでは、民主主義が活性化していなければ、政治システムは機能不全におちいる。

日本では、民主主義が機能していないと慨嘆するだけで、民主主義を機能させるために、人間の知恵をはたらかせようとはしない。それどころか、民主主義を逆に鼻であざわらうようになり、民が支配すべき公に「官」というレッテルを貼り、よこしまな私を「民」といいくるめ、「官から民へ」という合言葉で、公を私化しようとしている。

民主主義は人間の知恵の産物である。知恵をはたらかせなければ、民主主義の活性化はありえない。政治システムの強制的協力は、社会システムの自発的協力に裏打ちされ、その限界を克服する機能をはたさなければならない。政治システムは自らの存在基盤を活性化させるためにも、社会システムの自発的協力を活性化させる必要がある。

そこでスウェーデンでは、民主主義を活性化させるために、自発的な国民運動をサポートする。自発的に結成された非営利組織は、原則として会費によって運営されている。しかし、民主主義を高揚するために貢献している協会には政府が補助金を支給し、さらに協会に富くじなども許可している。

スウェーデンでは現在、非営利組織をさらに活性化するために、新しい会社形態を検討している。しかし、それも経済目的ではなく、政治システムの民主化を推進するためにである。人々が「最善の可能性と創造性」を駆使し、活動組織をつくって参加する。政府はそれを促す環境をつくりだすだけです、と担当の女性責任者は笑顔で説明してくれた。

社会システムが経済システムと融合する

非営利組織を民主主義運動と把握することは、社会システムが政治システムへと拡大していく現象を説明している。しかし、社会システムは経済システムへの方向へも拡大していく。それがヨーロッパで広がっている「社会経済」という概念である。

スウェーデンでは、産業雇用情報省が社会経済を所管している。社会経済とは、協同組合とか、前述の地域開発グループのように、住民がコミュニティベースで形成する自発的な経済組織を意味している。

こうした社会経済も、民主主義と無関係ではない。というのも、社会経済は、社会的に有益な目的を実現し、民主的に運営される組織である、と定義されているからである。民主的に運営される組織が活性化すれば、民主主義も活性化すると考えているために、非営利組織が法務省の民主主義問題担当部局に所管されているのである。

しかし、社会経済はスウェーデンもフランスから学んだというように、フランスあるいはベルギーが発祥の地である。協同主義にもとづく非営利組織を意味し、余剰は非営利組織の目的のために使用するか、非営利組織の構成員に分配されるような組織を意味している。

社会経済という動きは、経済システムと社会システムとを融合させようとする現象だといっていい。それは市場社会で分離していた生産の場と生活の場を、ふたたび結合させようとする動きにも結びつく。

すでに述べたように、工業が衰退した後に、新しい職を創造する運動が、スウェーデンでは地域開発グループとして展開されている。運動の中心は、とくに失業率の高い、女性である。

新しい職を創造するといっても、児童福祉などの労働集約型産業のウェイトが高いことも事実である。しかし、人間の創造力は無限に広がる。地域に固有な文化に根ざした民芸品などの生産協同組合もあれば、情報技術(IT)産業の創出までもが結びついている。

とはいえ、こうした自発的協力による職の創出には限界がある。自発的協力による限界を強制的協力によって克服する責任は、政府が負わなければならない。

前述したように、地域ごとに地域開発グループの支援センターが設置されている。同時に、地域ごとに産業クラスター(集合体)も設置され、「どの地域に住んでいても、産業発展が可能なようにする」という政府の責任をも明らかにしている。

学習サークル運動

人間そのものが生産される社会システムでも、その機能を担う非営利組織が叢生《そうせい》する。もっとも、社会システムとはもともと、自発的協力にもとづく非営利組織である。

しかし、社会システムには、インフォーマルセクターとボランタリーセクターとがある。社会システムの機能を担う非営利組織とは、家族やコミュニティというインフォーマルセクターの機能が減少したことに対応して、ボランタリーセクターの機能を拡大させることを意味する。

知識社会では、人間の知識資本が生産性の決定要因となる。そのため、福祉にしろ教育にしろ、ボランタリーセクターの活動が、経済システムにとって決定的に重要な要素となってくる。

こうしたボランタリーセクターの活動には、生産の場での活動と、生活の場での活動がある。生産の場の活動として、労働組合の活動がある。労働組合は生産の場における共済活動などを担っている。同時に生活の場で活動する非営利組織と協力しながら、人間の能力を高める教育運動を展開する。

スウェーデンでは一九世紀末から、デンマークに学びながら、国民教育運動を労働組合が推進してきている。しかも、教会運動や禁酒運動をからめながら、現在でもさかんな学習サークル運動として花開いている。

一九世紀末もエポックであった。そのためグレートデプレッションといわれる大不況が生じた。スウェーデンもこの大不況の過程で極貧を経験する。しかも、国民の三分の一が極貧に耐えられずにアメリカに移民するという悲劇を味わったのである。

そこでスウェーデン国民は飲酒を断つ。不況だ不況だといって、憂さ晴らしに酒を飲んでいたのでは、経済は活性化しない。飲酒を断ち、仕事を終えたら学習をしようと、禁酒運動をくりひろげながら、国民教育運動を展開していく。こうした国民教育運動から、国民高等学校や国民大学が誕生するとともに、学習サークルが展開していく(図5・4参照)。

学習サークルとは、国民がたがいに学びあうための「友人の集い」ともいうべき、学びの組織である。「働く友人の集い」ともいうべき労働組合が主導して組織し、それに生活協同組合、さらには政党と深く結びつくことになる。学習サークルを組織する最大の機関である労働者教育協会は、労働組合の全国組織、社会民主党、生活協同組合によって組織されている。

学習サークルでは参加者の意思のもとに、語学、美術・音楽などの芸術、社会科学、自然科学、文学や歴史などの人文科学などと幅広い学習プログラムが提供される。仕事を終えた人々が飲酒、パチンコ、ゲームセンターなどで快楽にふけることもなく、自主的に学習サークルに通ってくる。人間として高まる、学ぶことにまさる喜びはないからである。

学習サークルへの参加は有料である。しかし、参加者が五名以上であり、かつ一定の条件を充足すれば、政府から補助金が交付される。

スウェーデンには現在、三〇万におよぶ学習サークルが存在する。しかも、学習サークルへの参加者は、成人の四人に一人あるいは二人に一人ともいわれている。

法務省は、学習サークル運動を労働運動と位置づけている。たしかに、学習サークルは労働組合が主導している。しかし、学習サークルにかぎらず、働きながら学ぶ国民高等学校も、国民大学も、労働組合がもともと組織したものである。ところが、現在では国民高等学校も国民大学も、日本の道府県に相当する地方自治体であるランスティングと提携しているところも多い。

それればかりではない。一九九七年から政府が展開する知識向上プロジェクトで、学習サークルは重要な役割をはたす。とくに情報技術関連の学習サークル利用率が急増し、職種転換を推進することを可能にしたのである。

学習サークル運動は自分たちで学ぶための組織である。リーダーはいるが教師は存在しない。もちろん、成績もつけない。つまり、民主的方法で運営されなければならず、こうしたボランタリーセクターでも、民主主義の醸成が強調されている。

育児サービスのしくみ

社会システムの機能を担う非営利組織で重要な点は、家族などのインフォーマルセクターでの機能が縮小したことにともなう財・サービスの供給責任は、政治システムが負わなければならないということである。育児サービスにしろ養老サービスにしろ、家族内で供給が不可能になったときに、それを供給する責任は政治システムにある。そのために国民は政府を組織しているといってもいいすぎではない。

そうだとすれば、家族などのインフォーマルセクターの機能が縮小したことに対応して、ボランタリーセクターの担えることは限定されている。

ひとつは、両親協同組合などによって、育児サービスを生産することである。もちろん、生産された育児サービスは地方政府によって購入され、地域住民には無償で供給される。ことわるまでもなく、バウチャー(引換券)を配付して無償で購入させてもかまわない。

つまり、地方政府が租税と一部料金の負担をもとめたバウチャーを住民に配布する。スウェーデンのソレンテューナ市でいえば、バウチャーは八万スウェーデンクローネだが、このうち七万八二〇〇クローネが租税によって負担されている。個人負担は九〇〇クローネであり、これに「マックスタクサ」と呼ばれる上限制の個人負担も加わる。

住民はこのバウチャーをもって、市が運営する就学前学校(保育園)か、協同組合の保育園か、株式会社の保育園かを選択することになる。つまり、スウェーデンでは両親の選択の自由を保障するために、協同組合や株式会社形態の保育園をとりいれたのである。

両親が選択をするのは、あくまでも教育の質である。市場原理主義に毒された日本のように、価格を競争するわけではない。どの保育園を選択しようが、両親は八万クローネのバウチャーをもっていくだけだからである。

市運営の保育園の教育内容は、市の教育委員会が決める。両親が自発的に組織した協同組合の保育園は、教育内容を両親が決める。イタリアの教育者モンテソーリの理論にもとづく教育内容にするとか、キリスト教の教えにもとづく内容にするとか、環境教育重視の内容にする、というように組織化していく。株式会社の保育園は、株主である教員がみずからの教育理念にもとづいて、教育内容を決定する。

株式会社の保育園の場合には、労働組合員が株主となり、経営陣に加わることになる。日本では不当労働行為になりかねない。ところが、スウェーデンでは逆に、一定条件の株式会社の場合には、従業員の代表を経営陣に加えなければならないことになっている。ドイツでも、一定条件の企業に対する従業員の経営参加制度がある。EUも、一九九四年に従業員の経営参加に関する「指導的ガイドライン」を出している。

保育園の施設は市が建設する。したがって、どの保育園も市に施設使用料を支払わなければならない。この使用料は市場価格で決まる。また、どの保育園でも、はたらく職員の給与は同じである。職種別組合で給与が決まるため、職種によって給与に格差があるだけなのである。

そうなると、どこの保育園であろうと、施設使用料も従業員の給与も同じということになる。

つまり、競争は教育の質でしか生じない。両親は教育の質で保育園を選択し、その保育園にバウチャーをおさめる。保育園はおさめられたバウチャーで、施設使用料や従業員の給与などを支払うことになる。

日本では保育園への株式会社の参入は、ただコストだけの問題である。教育の質は二の次になっているのである。

心のケアサービス

もうひとつは、心のケアである。日本の福祉ではこの点が忘れられている。家族などのインフォーマルセクターでは、育児サービスや養老サービスを、たんに無償で供給しているわけではない。愛情に包みこんで供給している。

育児サービスや養老サービスは、政治システムでも供給できる。もちろん、日本のように市場経済で供給することも可能である。しかし、愛情は供給できない。つまり、人間と人間とのきずなは自発的にしか生じない。

育児サービスであれば、保育園などに一時的にあずけるだけなので、両親による愛情は十分に供給される時間がある。

一方、養老サービスの場合にはそうではない。家族と孤立している場合が多い老人は、家族からの愛情が供給されないため、心のケアが必要となる。そうした心のケアは、ボランタリーセクターしかできないといってもいい。

非営利組織による心のケアには大きく二つある。ひとつは友情サービスであり、もうひとつは家族支援サービスである。

友情サービスは、退職者がボランティアとして、同じ退職者仲間に心のケアを提供することである。つまり、退職者が友情と愛情を提供して、心のケアを実施する。

非営利組織に登録しておき、退職者が心のケアを必要とする退職者を、一定期間ごとに訪問をし、いっしょにお茶を飲んだりして、人間的接触をはかる。場合によっては定期的に電話をする。相手に応答がなければ、異常が発生している危険があるので、適切な措置をとることになる。

もうひとつの家族支援サービスは、介護を必要とする者をかかえている家族に対する心のケアである。もちろん、こうした家族支援サービスには、専門的な知識を必要とする。

そこで医療や福祉などにたずさわってきた退職者が、家族支援サービスにあたる。退職前には看護婦として活躍し、その能力を生かして退職後は赤十字社で家族支援サービスに従事しているスウェーデンの女性は、現在が人生でもっとも生きがいがある、と目を輝かせていた。

友情サービスにしろ家族支援サービスにしろ、ボランティア活動への参加者は退職者である。仕事に従事し、家族生活を営む現役世代には、そもそもボランティア活動への参加は困難なはずである。

しかし、こうしたボランティア活動への参加は、参加者そのものに生きがいをもたらす。社会システムでのボランタリーセクターの活動は、ボランティア活動の対象者のためだけではなく、ボランティア活動の参加者への人間としての活動の場の提供でもある。

知識社会では社会システムでの人間のきずなが強まれば、それが社会資本として機能する。結果として経済システムの活性化に帰結することになる。

もちろん、政治システムに対しても、民主主義を活性化させ、社会の構成員の政治的決定権限を強化する。つまり、色あせた民主主義をふたたびよみがえらせることができる。

しかし、経済システムも人間の知的能力を最大限引き出せるように、組織再編成が必要となる。前述のようなフラット型組織に組織がえすることによって、人間の自発的な能力向上を可能にする必要がある。

さらに、重要な点は経済民主主義である。公共サービスに参入する株式会社は、保育サービスにみられるように、教員を株主として、教員の自主性を発揮させるために組織されている。

知識集約型産業にしろ労働集約型産業にしろ、知識社会では従業員の経営参加が重要になる。前に述べたように、スウェーデンと同様にドイツでも共同決定法によって、従業員の経営参加を規定している。さらに、一九九四年にはＥＵが、従業員の経営参加についてのガイドラインを出している。

もちろん、こうした経済システムにおける従業員の経営参加は、人間が経済システムを制限する権限を拡大する。そもそも株式会社とは、公共の利益のために活動するかぎりにおいて有限責任という特権が認められていることを忘れるべきではない。

地方政府と社会保障基金が担う役割

以上みてきたように、知識社会では社会システムが拡大していくということができる。しかし、社会システムの自発的協力には限界がある。こうした社会システムの自発的協力の限界を補完し、人間の生活の営みを保障していく責任は、あくまでも政治システムが担わなければならない。

ケインズ的福祉国家のもとでは、社会システムで営まれる人間の生活は、「遠い政府」である中央政府による現金給付によって保障されていたといっていい。つまり、ケインズ的福祉国家とは、参加なき所得再分配国家だったのである。

ところが、市場経済がボーダレス化すると、中央政府による現金給付にはほころびが生じる。ほころびた現金給付による社会的セーフティネットは、強いネットで張りかえられなければ、知識社会をめざすアクロバットを演じることができない。

知識社会をめざそうとすれば、草の根で自発的協力が出てくる。活性化してくる自発的協力を基礎にして、政治システムの意志決定空間を再編していくことが可能である。

たしかに、キャピタルフライトにより、国民国家の枠組みはくずされていくかもしれない。しかし、人間の生活はボーダレス化するわけではない。というよりも、むしろ地域社会に根づくようになる。情報化が進めば、情報を動かすことによって、人間は動かなくてもすむようになってくるからである。

人間の移動性が弱まると、地域コミュニティでの人間のきずなは逆に強まる。地域民主主義も強まる。グローバル化が進む一方で、ローカル化が進むことになる。つまり、国民国家の機能が、上方と下方に分岐していくことになる。

地方政府とは本来、生活の場における自発的協力の限界を克服するために誕生した「政府」

である。ヨーロッパであれば、教会をシンボルとして、共同作業や相互扶助による自発的な協力で実施してきた教育・医療・福祉などのサービス供給を、強制的協力によって代替する政府が、地方政府ということになる。

地方政府が活性化すれば、市場経済のボーダレス化にともない、ほころびはじめた現金給付による社会的セーフティネットを、教育・医療・福祉などのサービス給付による社会的セーフティネットで張りかえればいい。もっとも、社会保険という現金給付は、労働組合などが実施していた共済活動を強制化したものである。

世界ではじめて社会保険を導入したビスマルクにしても、それまで労働組合が、組合員相互の助けあいとして実施していた共済活動を、強制化するというかたちで導入している。

つまり、もともと組合員の自発的協力による自治として実施されていた共済活動を強制化したものが、社会保険である。したがって、もともと組合員の自治にもとづいて、社会保険は運営されていたのである。

そのため、ドイツにしろフランスにしろ、社会保険を運営する主体である社会保障基金は、組合員である国民の選挙によって代表者を選出するという自治が実施されている。代表者を国民が直接選挙しなくとも、政府としての独立性が認められる場合も多い。

すでにくりかえし指摘したように、政府とは、社会の構成員による自発的協力を克服するために誕生する。市場社会では、土地・労働・資本という生産体系が私的に所有されるために、生産と生活が分離し、生産と生活が要素市場を通じて結びつけられる。

つまり、封建社会の共同体のように生産と生活が融合して実施されるのではなく、生活の場から生産の場が分離していく。

しかし、人間が集合すれば、かならず自発的協力が発生する。生活の場の自発的協力から地方政府が生じたように、生産の場の自発的協力の限界を克服すべく、社会保障基金という政府が生まれたと考えるべきである。そうだとすれば、社会保障基金も政府としての独立性が確保される必要がある。

社会保障基金を政府として位置づけると、政府とは中央政府、地方政府それに社会保障基金という三つの政府体系から構成されることになる。このように三つの政府体系を考えると、ほころびはじめた現金給付による社会的セーフティネットは、二つの方向から張りかえられなければならない。

第一は、現金給付による社会的セーフティネットの所得再分配機能を弱めつつ、相互にリスクを分かちあうという方向に転換をはかっていくことである。というのは、ボーダレス化した市場経済のもとでは、現金給付による所得再分配機能が、国境を越えて自由に動きまわる資本移動によって阻害されてしまうからである。

第二は、現金給付による社会的セーフティネットを、現物給付、つまりサービス給付による社会的セーフティネットに張りかえていくことである。それは、現金給付による所得再分配を、現物給付による所得再分配機能にシフトさせることだといっていい。

第一の現金給付による社会的セーフティネットを、所得再分配機能からリスク分散機能にシフトさせていくということは、政府としての社会保障基金が担う社会保険の任務が、賃金代替の現金給付にある点を明確にすることだといいかえてもいい。

社会保障基金という政府が、生産の場において労働組合や友愛組合による共済活動を強制化して誕生したことを想いおこせば、それはとうぜんのことである。つまり、社会保険とは本来、生産の場において、疾病、老齢、失業などの正当な理由で賃金を喪失した際に、組合員の相互協力によって、賃金に代替する現金を保障しあうことから誕生したからである。

政府としての社会保障基金が、賃金代替という現金給付を担う生産の場における「協力の政府」だとすれば、地方政府は、無償労働代替という現物給付を担う生活の場における「協力の政府」である。そのため現金給付による社会的セーフティネットを、現物給付による社会的セーフティネットに張りかえる任務は地方政府が担わなければならない。

もちろん、ボランタリーセクターの機能は回復していく。しかし、インフォーマルセクターの機能は縮小していく。そのため、ボランタリーセクターでは担えない機能は、地方政府が責任をもって供給せざるをえないのである。

中央政府が担うミニマム保障

とはいえ、社会保障基金による現金給付と地方政府による現物給付からだけでは、市場社会における人間の生活保障までも供給することはできない。つまり、ミニマム保障によって補完されなければ、自発的協力を基礎にした現金給付と現物給付だけでは、市場社会における人間の生活保障を完結できないのである。

社会保障基金による現金給付は、正当な理由で賃金を喪失した際に給付される、賃金代替である。したがって、そもそも賃金を獲得できる能力を保有しない者が、賃金を獲得できずにいるとしても、社会保障基金からは生存に必要な消費財を購入する現金を給付するわけではない。

ところが、賃金を得ている者でも、生存に必要な消費財を購入するのに十分な賃金を獲得できずにいる者もいる。あるいは、社会保障基金が給付する賃金代替では、生存に必要な消費財を購入するのに十分ではない場合がある。そうした場合には、現金給付のミニマム保障が必要となる。こうした現金給付のミニマム保障は、中央政府の任務となる。

したがって、生存に必要な賃金を獲得できない者に対する現金給付である、生活保護のような公的扶助は、中央政府が給付責任を引き受けなければならない。そもそも、賃金所得のない児童の生存に必要な消費財を購入するための現金は、児童手当として支給される。もちろん、児童手当も中央政府が給付責任を引き受けなければならない。

社会保障基金による賃金代替では、生存に必要な消費財購入が不可能である場合のミニマム保障も同様である。社会保障基金による賃金代替に加えて給付するミニマム保障の現金給付は、中央政府の責任となる。

地方政府の現物給付についても同様である。地方政府には財政力格差が存在するため、現物給付がミニマム保障に値しない場合が存在する。そうした場合にはミニマム保障をする中央責任は中央政府にある。財政力格差を是正して、現物給付のミニマム保障をするのが、日本でいえば交付税という財政調整制度である。

安心の給付について、政府が最終的に責任をとらなければならないとはいっても、政府は社会の構成員の共同事業を、構成員の共同負担で、強制的協力として実施していることを忘れてはならない。あくまでも統治される者が支配者なのである。
そのため、スウェーデンでは、共同事業である安心の給付が、生涯にわたってどのように給付され、それを生涯にわたってどのようにまかなうかを、支配者である国民に明らかにしている。それだからこそ、スウェーデンでは高い租税負担に国民が同意しているのである。安心の給付が明らかになっていなければ、国民は高い租税負担に耐えることはできない。

社会的インフラストラクチュアの整備

政治システムの任務は、人間の生活が営まれる社会システムに対して、社会的セーフティネットを張り、人間の生活を保護するとともに、経済システムを財政を通じて機能させなければならない。つまり、三つの政府体系を確立することによって社会的セーフティネットを確立するだけでなく、経済システムに対して社会的インフラストラクチュアを整備しておく必要がある。

社会的インフラストラクチュアとは経済システムが機能する前提条件を意味する。一九世紀から二〇世紀にかけてのエポックであれば、重化学工業化へと産業構造を転換していく時代であったため、社会的インフラストラクチュアとは運輸・交通・エネルギーなどの労働手段の延長線上にある公共事業ということができる。しかし、この二〇世紀から二一世紀へのエポックでは、重化学工業の前提条件を整備してみても意味がない。

日本が膨大な公共事業をくりかえしてみても、景気が浮上しないのがその証拠である。公共事業を増加させたときに、国民所得が伸びる比率である「政府支出乗数」が減少しているのもとうぜんである。産業構造が大きく転換しつつあるからである。たとえば、公共事業を増加させ、鉄鋼業の需要が増加したとしても、すでに国内の鉄鋼業の海外立地が進んでしまっているため、国内で投資が投資を生むということにはならなくなっているからである。

整備しなければならない社会的インフラストラクチュアは、情報・知識産業、あるいは知識集約型産業を支える基盤として機能する社会的インフラストラクチュアでなければならない。知識集約型産業の基盤となるのは、人間そのものの知的能力と社会資本である。つまり知識資本である。

新しい知識集約型産業は、指をくわえて待っていても生まれない。知的能力の高い人間が存在するようになって、はじめて誕生する。しかも、ひとりの天才のひらめきからでは、新しい産業構造の創出は無理である。社会の構成員が、それぞれの知的能力を高めなければならない。

つまり、知識集約型産業は知的能力の基盤がなければ誕生しないのである。しかも、高い知識能力を育成できた国に、企業も移動してこざるをえなくなる。

こうした知的能力の育成や研究開発に効果をあげるには、時間を必要とする。そのため、知的能力の育成や研究開発を、政府が社会的インフラストラクチュアとして整備せざるをえない。教育サービスの供給は地方政府の任務である。学校教育のうち、義務教育は基礎自治体である市町村が担い、高等教育は広域自治体である都道府県が原則として担当している。

いずれの学校教育も、水準を高めようとすれば、地域ごとに教育水準と内容を決定できるように、意思決定の分散化をはからなければならない。もちろん、教育水準を引き上げるといっても、学校教育の水準を引き上げるだけでは十分ではない。

社会人の再教育こそが、社会の構成員の教育水準を引き上げる鍵を握る。再教育のサービス供給も、地方政府の任務となる。

しかも、人間のきずなともいうべき社会資本が決定的に重要となる。社会資本は、地域社会における生活の安心が保障されなければ生まれない。そのため、地方政府の供給する医療や福祉のサービス給付も社会的インフラストラクチュアとなる。

つまり、社会的インフラストラクチュアと社会的セーフティネットを融合した社会的トランポリンともいうべきワークフェアを供給することが、知識社会へのエポックでは重要となる。

すでに破綻をきたしている「ケインズ的福祉国家」を、拡大していく市場経済を社会システムと融合し、それを財政が制御していく「シュムペーター的ワークフェア国家」へと改めることが、人間性を回復していく社会への道となるのである。

7　人間のための未来をつくる

二〇世紀から二一世紀にかけてのエポックに、日本は「構造改革」「構造改革」と絶叫し、強者が強者として生きていく競争社会をめざしてきた。人間は利己心に支配された「経済人」であり、競争原理に支配された市場という神の見えざる手に、人間の運命をゆだねなければならないと教唆されてきた。

そうした構造改革は、人間の社会を破局へとみちびきつつある。人間への信頼や人間のきずなが喪失し、凶悪な犯罪、自殺、麻薬など社会的病理現象には枚挙のいとまがない。

人間は経済人ではなく、「知恵のある人」であることを忘れてはならない。未来社会のめざす約束の地は、知恵のある人としての人間が、人間として生きる社会でなくてはならない。

このエポックを越えると、知識社会というひとつの時代がはじまる。しかし、それは人間が自然にはたらきかけ、自然から有用物をとりだすという経済の本質が変化して、マネーゲームに明け暮れる社会がはじまるわけではない。

人間と自然との物質代謝を最適にするために、知恵のある人である人間が、それぞれのもつかけがえのない能力を発揮し、幸福を追求する社会の黎明である。人間の幸福は、人間と人間とのふれあいのうちにしか見出せない。人間が自然にはたらきかける、はたらくということは、人間が愛しあい、ともに学び、ともに遊ぶことによる、ふれあいのうちに幸福を見出すための手段にすぎない。

人間として生きる時間

人間が自然にはたらきかける時間である労働時間は、農業社会よりも工業社会、工業社会よりも知識社会のほうが短くなる。フランスではいま、週三五時間制が実施されている。ところが、一九世紀には一日一三時間労働で、日曜日と祭日以外に休日はなく、労働時間は年間三九〇〇時間におよんでいた。

フランスの経済学者フーラスティエによると、週三〇時間労働が眼前にきている。年間四〇週はたらくとして、年間労働時間は一二〇〇時間となる。現役世代として三五年間はたらくとすると、生涯労働時間は四万時間となる。

人生は八〇年だとすれば、七〇万時間ある。生涯労働時間が四万時間になると、残りの六六万時間が、人間が自然制約から逃れて、人間として自由に生活できる時間となる。

もっとも、人間は内なる自然に制約される。つまり、生物的存在として睡眠などの生理現象に時間を費やすことになる。その時間を一日一〇時間とすれば、生涯で三〇万時間となる。そうすると、外なる自然とのたたかいからも解放され、内なる自然の制約からも解放された自由時間は、三六万時間あることになる。

ところが、誤った方向に構造改革のハンドルを切っている日本では、人間と自然とのたたかいの時間である労働時間が、あまり短縮されない。家族つまりファミリーとは、「食事を同じくする者たち」という意味である。井上達夫東京大学教授の指摘によれば、ローマ時代の奴隷にも、家族には食事を同じくする権利が認められていた。しかし、日本の家族にはローマの奴隷に許された権利すらない。食事を同じくするという、家族の態をなすための最低の時間すら、労働時間に侵食されているのである。

それどころか労働時間が終われば、つきあいや接待などの擬似労働時間を増加させる。というのも、競争社会のなかで不安をあおられているため、多忙意識のなかで不安をまぎらそうとするからである。つまり、人間的な自由時間が増加するのに恐怖して、労働時間の減少を擬似労働時間を増加させることで相殺し、多忙意識に逃げこもうとする。

そうした多忙意識に支配されてしまうと、自由な発想は生まれない。自由な時間なくして、人間的能力の向上や人間的接触の増加もなく、イノベーションも期待できない。

競争社会をめざす日本では、自由時間とは、仕事と仕事とのあいだの待ち時間でしかない。待ち時間では、古典を熟読玩味することはできない。読み流し、いつでも読むことをやめてもいいような書物しか読めない。いつやめてもいいような、むなしい孤独な快楽にふける遊びしかできない。

自由時間とは本来、人間が人間としての幸福を味わう時間である。人間とふれあい、愛しあい、学びあい、ともに遊ぶ、それによって人間の文化的豊かさを体験しつつ、人間としての能力を発揮して人間の文化を創造する時間である。もちろん、外なる自然とのたたかいの時間である労働時間も、人間が自己の能力を最大限発揮できる時間でなくてはならない。

このように、人生のあらゆる局面で、人間が人間として生きていく時間軸をとりもどす必要がある。

人間として生きる空間

知識社会になると、空間軸でも人間の生活空間をとりもどすことができるようになる。というのも、スタインモが見事に看破しているように、優秀な人材が集う地域社会に、資本が舞い降りるようになるからである。

農業社会では生産の場と生活の場が一致し、生産と生活とを共同体が担っていた。ところが、要素市場が成立する市場社会である工業社会になると、生産と生活が分離し、生産の場と生活の場も分離してくる。初期の軽工業の時代であれば、原料の入手が容易な地域社会に生産機能が立地する。つまり、原料立地的に生産機能が配置されて、そこに生活の場が引き寄せられてくる。このように、工業社会では生産機能が生活機能の磁場になっていた。

後期の重化学工業の時代になると、生産機能も中枢管理機能と工場機能が分離してくる。そうなると、中枢管理機能を集積させる中枢管理都市が登場してくる。巨大な中枢管理都市には巨大市場が実現することになる。そうした巨大市場をにらんで、重化学工業の戦略産業である家電や自動車という耐久消費産業の工場機能が立地される。そうだとしても、工業社会では生産機能が生活機能の磁場となっていることはまちがいない。

ところが、知識社会になると事情は一変する。優秀な人材は、人間の生活が快適に営める地域社会に集結する。つまり、自然と共生する快適な空間で、人間が愛しあい、ともに学び、ともに遊ぶことのできる人間の集う場が大地の上に形成されていなければ、優秀な人材は集まらない。

もちろん、そうした人間の集う場が形成され、優秀な人材が集まれば、そこに企業が押し寄せてくる。つまり、知識社会では生活機能が生産機能の磁場となるのである。

しかし、誤った方向にハンドルを切っている日本では、大地の上から人間が集い、ふれあう場が、姿を消している。「ゆとりの教育」と叫んでみても、子どもがともに遊ぶ空間など、日本の都市にはない。うさぎ追いしかの山も、小ぶな釣りしかの川も、日本からは姿を消している。子どもがゆとりをもって育つことなどできるはずもない。

日本の地域社会は、優秀な人材にとって魅力が失せた存在となっている。人間の広場は、自動車優先の駐車場となっている。声高に叫ばれている都市再生も、人間の生活の場を再生するスピードよりも、人間の生活の場を破壊するスピードを競っている。

人間の生活の場としての都市再生

ヨーロッパでは、人間の生活の場としての都市を再生しようとする動きが、「サステイナブルシティ（持続可能な都市）」を合言葉にはじまっている。このヨーロッパの都市再生は、アメリカンモデルと対抗している。

ヨーロッパはいま、地域紛争で騒然としている。もっとも深刻化しているのは、フランスのコルシカ島における地域紛争である。コルシカ島の独立派の動きが活発化し、はげしいテロ活動をともないながら混乱をきわめている。

ドイツでは、火薬庫バルカン半島の爆薬が火を噴いたため、マケドニアでドイツ兵が殺され、アフガン以上の関心を集めている。スペインのバスク地方、イギリスの北アイルランドでは、流血の惨事がいつ生じるともかぎらない危機をはらんでいる。

こうしたヨーロッパの切迫した事態は、日本にはほとんど伝わらない。日本では英語を媒体とした、かたよった情報しか流布しないからである。

ヨーロッパとは、ギリシア語で日の没するところを意味する。日の没するヨーロッパに比較すれば、日の出ずる国日本は、平穏これ無事な国家である。

ヨーロッパはたしかに、流血の地域紛争という混乱に苦悩している。しかし、地域紛争という混沌としたカオスの内部から、新しい地域発展モデルが芽を吹きはじめている。というよりも、それはアメリカンモデルに対抗するヨーロッパの新しい社会経済発展モデルだといってもよい。

英語を媒体とした情報しか伝わらず、英語を国語にしようとする気運の強い日本にいれば、スペインにおいてバスクの人々がバスク語に、カタロニアの人々がカタロニア語に、ガルシアの人々がガルシア語に、あるいはイギリスにおいてウェールズの人々がウェールズ語に、なぜそれほどまでに拘泥するのか理解できまい。

たしかに、グローバル化・ボーダレス化が進めば、国籍に拘束されない人間関係が拡大していく。しかし、グローバル化した国籍に拘束されない世界が拡大すればするほど、人間の生活は地域共同体つまりコミュニティへの帰属を希求するようになる。つまり、グローバル化は、人間の生活の場として、固有の言語や文化などを醸成する地域共同体の形成を内包しながら展開していくことになる。

グローバル化が国民国家の基盤を動揺させると、人々の手のとどく距離に公共空間の形成を求めるローカル化が進展するといいかえてもいい。ヨーロッパがEUを組織してグローバル化に対応するとともに、サステイナブルシティを合言葉に都市再生を進めているのも、そのためだといっていい。

ヨーロッパ委員会のもとに組織された専門家グループが発表した『ヨーロッパ・サステイナブルシティ最終報告書』は、「市場メカニズムに依存していたのでは、都市の持続可能な成長は実現できない」と、言下に市場主義を否定している。それは、建築家岡部明子氏が指摘するように、クリントン大統領のもとでまとめられた「サステイナブル」をうたった報告書が、市場メカニズムの積極的活用を提唱しているのとは対照的である。

アメリカンモデルでは、地球温暖化対策としての京都議定書の破棄にみられるように、人間の生活の場の持続性ではなく、経済成長の持続性を一心不乱にめざしている。しかし、人間の生活の場としての都市再生をめざすヨーロッパでは、なによりも工業によって汚染された大気、水、土壌をよみがえらせる自然環境の再生が、都市再生の中心テーマとなる。

都市再生の優等生と賛美されるフランスのストラスブールでは、汚染された大気を浄化するために、路面電車(LRT)を敷設して、自動車の市内乗り入れを原則として禁止する。もちろん、パークアンドライドで市外の駐車場に駐車すれば、駐車料金と引きかえに、路面電車の利用券が手渡される。

ヨーロッパにおける都市再生では、環境と文化を車の両輪としている。つまり、国民国家が成立する以前に、その地域社会がはぐくんでいた文化を復興させることをめざしている。ストラスブールでいえば、フランスとドイツの文化を融合した、固有のアルザス・ロレーヌの文化の復興をはかっていく。

文化の復興は、人間を成長させる教育の重視と連動する。文化と教育が隆盛すれば、優秀な人材が集まり、人間的成長を遂げていく。

ストラスブール大学には五万五〇〇〇人の大学生が学んでいる。ストラスブールの人口は二三万人にすぎない。つまり、ストラスブールの市民の四人に一人は、ストラスブール大学の学生ということになる。

しかも、ミッテランの地方分権政策の一環として、フランスの超エリート養成機関であるエナ(高等行政学院)も、ストラスブールに移ってきた。それは、人間の生活する場として都市が再生すれば、それが優秀な人材を引きつける磁場となることをしめしている。

工業が衰退し、知識社会へと移行することをめざさなければならないとすれば、知識社会における地域社会発展の鍵は、地域社会の構成員の知的能力そのものとなることを忘れてはならない。つまり、その地域社会が優秀な人材をはぐくみ、集めることが地域発展の鍵となる。

「人間的、文化的、自然的」都市の魅力をかがやかせたストラスブールは、経済界の懸念をよそに、経済的にも活性化する。自動車の進入しない市内の地価は上昇し、高級ブランド店やフランチャイズ店が進出して、商店街は活況をとりもどした。もちろん、それにともない、ストラスブールでは雇用も急増したのである。

宇沢弘文東京大学名誉教授の指摘によれば、こうしたヨーロッパ都市再生を可能にする決定的な条件は、財政上の自己決定権にある。工業の衰退によって荒廃したバスクの中心都市ビルバオも、汚染された水質浄化という環境の再生と、伝統的なバスクの文化をかがやかせることによって、都市再生に成功している。それも、ビルバオがバスクの自治を享受したからである。地域的自立を求めて発生する地域紛争の舞台裏では、文化的自立をめざす都市再生も演じられていることを見逃してはならない。

ヨーロッパの経験に学べば、地域社会を人間の生活の場として再生させることが、地域経済を活性化させる道でもある。工業社会では生産機能が生活機能の磁場となるのに対して、知識社会では生活機能が生産機能の磁場となることを忘れてはならない。

日本でも都市再生の息吹が

日本でも、人間の生活空間として都市を再生しようとする息吹を感じることができる。北の大地北海道の札幌市でも、環境と文化を重視した都市づくりがはじまろうとしている。

札幌市では都心環境を再生するため、都心に歩行者中心の空間として、トラフィック・セルを形成し、都心交通の四割をしめる通過交通を排除しようとしている。つまり、都心交通概念を「自動車交通の円滑化」から「歩行者・環境重視」へと転換させようとしている。さらに、大気とともに環境の両輪となる水についても、創成川を整備して、水辺空間の再生に取り組んでいる。

このように環境を改善するとともに、都心のオープンスペースを芸術と文化のイベント広場として活用し、文化による町おこしをねらっているのである。

南国土佐の高知市でも、人間の生活空間としての都市づくりをめざしている。松尾徹人市長は、ショッピングセンターの機能をあわせもつシネマコンプレックスの建設を敢然として拒否している。

ヨーロッパでは多くの国で、ショッピングセンターを原則として認めていない。自分たちの街から商店街が姿を消してしまうからである。住民たちの歩いていける距離に、日常生活を営むのに必要な商品を購入できる商店が消滅して困るのは、住民である。

スウェーデンの田舎町で、「この町の商店街では物価が高いけれども、自分たちの町から商店街が消えないように、少々物価が高くても自分たちの商店街で買い物をするのです。商店街がなくなって困るのは住民です。自動車を運転できないお年寄りはどうなるのですか。自動車を運転できない子どもたちはどうするのですか」と、若い女性に諭されたことを思い出す。自動車と冷蔵庫という重化学工業製品に依存した都市づくりは、過去のお伽話になろうとしているのである。

高知市では二〇〇〇年四月から、「高知市里山保全条例」を施行している。「里山」はいまでは死語に近い。しかし、人里の近くに存在し、人間の生活と結びついた森林を意味する里山には、「森の民」である日本人の知恵が生きている。日本人の生活と切り離せない森林の近くで、日本人は生活を営んできたからである。つまり、里山の保護は自然環境の保護にとどまらない。自然と共生してきた日本の文化の保護でもある。

このように高知市では、都市開発を抑制しつつ、都市の自然環境の回復をめざしている。もちろん、人間の生活空間として都市を再生する街づくりは、そこで生活する住民による草の根の運動で推進されなければならない。高知市は市内を三五地区に分けているが、そのうちの二五地区で、住民たちによる街づくりとしてのコミュニティ計画が策定されている。つまり、住民が自発的に公園の清掃、草花の植栽、教育活動などの活動計画を作成していく。そして市は、そうした自発的コミュニティ計画を支援していくことになる。

こうした草の根の地域づくりが日本で散見されるようになっている。鳥取県西伯《さいはく》町では坂本昭文町長のイニシアティブのもとに、百人委員会が組織されている。

長野県栄村では高橋彦芳村長が、補助金を拒否して、村民の共同作業で公共事業を展開している。水利を整備し、さらに道路も以前の一〇分の一の費用で整備している。

生活をより人間的にする使命

知識社会には「あんな街に住みたい」と人間が集まり、その街で人間的生活がはじまる。そうした大地の上で、人間的生活時間配分による人間の生活がはじまることになる。

これまでの工業社会では、生産機能を集結させれば、人間が集住してきた。つまり、生産機能が生活機能の磁場となっていた。しかし、知識社会では生活機能が生産機能の磁場となる。つまり、都市再生の条件は、都市を人間生活空間として再生することなのである。

時間軸でも空間軸でも、人間の生活をより人間的になるように改革しなければならない。それがエポックに生きる人間の使命である。

新しいいのちの誕生には、誰もが感動する。けなげな小さないのちの誕生それ自体が、人間にとってよろこびであり、幸福となる。

いのちの誕生に包まれる幸福感は、ただちに生きる使命感を喚起する。この子のいのちを守るために、生きなければならない。もちろん、種族維持本能をもつ生物であるかぎり、親は子の生存を守ろうとする。しかし、意識をそなえた人間は、子どもの将来の幸福を願って、未来を意識的に構想することができる。

この子がやがて眼にするであろう人間の住む街並を、文化と伝統にいろどられた豊かな生活空間につくり変えておこう。この子がやがて感動するであろう、四季の木洩れ日に映える美しい自然環境を整えておこう。そしてなによりも、この子がやがて人を愛し、人に愛されるような人間性にあふれた社会を築いておこう。そうした使命感に駆り立てられて、人間は未来を構想していくことができる。

フランスの哲学者ジャン・ギドンの言葉に似せて表現すれば、もしかりに今夜、この世が終わりを告げようとも、人間は明日のために今日をすごさなければならない。人間は未来を構想し、未来を創造できるからである。

未来に絶望する日本

しかし、悲しいことに、人々はいま、人間が構想すべき対象である未来に絶望している。小さないのちが誕生するたびに、夢と希望に胸を熱くし、未来への使命感に奮い立つのではなく、不安と恐怖におびえている。この小さないのちが幸福にあふれた生涯を歩むのではなく、耐えがたい艱難辛苦に押しつぶされてしまうと信じざるをえなくなっているからである。

日本の社会は明らかに未来に絶望している。子どもの世代が自分たちの世代よりも不幸になると考えている人が、日本では七〇％にも達している。

　人間は未来を構想し、創造することができる。人間が真摯に努力を積み重ねれば、かならず未来を希望の光で包みこむことができるはずである。それにもかかわらず、未来に希望を垣間見ることができないのは、小さきいのちのために歯を食いしばって努力をしてみても、徒労に終わると信じているからである。

　二〇世紀から二一世紀への世紀転換期を振り返ってみれば、シュトルム・ウント・ドランク（疾風怒濤）の構造改革の時代であった。「改革」「改革」と連呼され、血を吐く思いで人々が改革の痛みに耐えてきた構造改革の時代であった、と後世の歴史家はこの世紀転換期を語りつぐにちがいない。

　しかし、小さきいのちの未来のため、水火も辞せずに、どんな苦しみにも耐え、日夜奮励努力しても、結果は絶望へ絶望へと向かっていった。山の頂に押し上げても押し上げても落下していく大きな石を、カミュの『シジフォスの神話』のように、あきらめずになお押し上げても、結果は裏切られ、苦痛に顔をゆがめることになってしまったのである。

　改革の痛みに耐えても、幸福の青い鳥など見つかるはずもない。未来への深い絶望は、長きにわたって改革の痛みに耐えてきたにもかかわらず、その努力が報われなかった深い悲しみのエピローグなのである。

とはいえ、構造改革で失敗しているのは、経済であることを見誤ってはならない。自然の創造主が神であったとしても、経済の創造主は神ではない。人間である。

経済はトータルシステムとしての社会全体の一部に過ぎない。トータルシステムとしての人間の社会も、創造主は人間なのである。それゆえに、人間は未来を構想し、創造することができるのである。

進んでいた道が行き止まりになってしまえば、ハンドルを切って方向を変えて進むしかない。しかし、ハンドルを切りまちがい、迷路に迷いこんでしまえば、いくらアクセルを吹かしてみたところで、かえって迷路に迷いこむばかりだからである。

構造改革とは、行きづまっているトータルシステムとしての社会全体を、未来のために改革することにほかならない。しかし、新自由主義にもとづく構造改革の方向性をまちがえていることは明らかである。それだからこそ、人々が艱難辛苦に耐え、血のにじむような努力をしても、底なし沼に足をすくわれたように、破局へ破局へと進んでいってしまう。

たしかに、いずれは不況も底を打つことはまちがいない。しかし、新自由主義にもとづく構造改革によって実現される競争社会に、人々は恐怖している。

小さいいのちが誕生しても、「知恵を出し、努力した者」が報われる競争社会を生き抜くために、心を鬼にして、子どもたちに「競争に勝て」と叱咤激励する。心の中では、子どもたちが人間的に幸福になってほしいと願いながらもである。

それだからこそ、子どもたちの未来に絶望してしまう。未来を構造改革で創造しても、子どもたちに幸福は訪れないと考えてしまうことに起因している。

経済学の失敗

構造改革が方向性を誤っているのは、人間性を喪失する方向へとハンドルを切っているからである。人間性を喪失する方向へと、人間の社会が方向づけられてしまえば、人間は不安に掻き立てられる。そうした不安が人々をおびえさせ、不況から脱出できずにいる最大の原因となっている。

人間性を喪失した未来を構想する構造改革が推進されていく責任は、経済学にあるといってもいいすぎではない。構造改革の失敗とは、経済学の失敗といえる。より正確に表現すれば、経済学の現実への適用の失敗なのである。

経済システムの創造主は、人間である。人間は経済システムを、人間の幸福に役立つ方向にデザインすることも、逆に人間を不幸へと導いてしまうこともできる。

人々はいま、経済の恐怖におびえている。経済システムが人間に牙をむき、人間を破滅へと押し流そうとしているからである。経済システムが人間の生存に不可欠な自然を破壊し、人間の生活の質を悪化させ、人間性を奪おうとしている。

経済学者は、人間の未来を神の見えざる手にゆだねなければならないと説教をする。経済システムを人間が制御しようと思ってはならない、経済システムは神の見えざる手にゆだねなければならない、と唱えるのである。

たしかに、人間の創造主は神かもしれない。人間も自然の一部であり、人間は「外なる自然」とともに、「内なる自然」として創造されている。

経済学者は、人間の社会も、人間ではなく神が創造した、と主張する。経済システムは、神が創造した自然秩序なのである、と教える。

神の見えざる手に経済システムをゆだねずに、人間が人為的に介入すれば、神の逆鱗にふれ、自然秩序は混乱する、と経済学者は主張する。そうすれば、自分は神のお告げを伝導する巫女のごとくにふるまえるからである。

二言めには「マーケットに逆らうな」「マーケットが評価する」「マーケットの決定にゆだね

よ」と唱える。しかし、マーケットとはいったい何なのか。人間が決定するものではないのか。

人間のめざす未来を創造する

未来をあきらめてはならない。人間は未来を構想し、創造することができる。もちろん、栄華をきわめたソロモンでさえ慨嘆したように、人生は短く、多くの限界に突き当たらざるをえない。人間の能力には限界がある。自然の創造主は人間ではない。しかも、人間は内なる自然としての生理現象に支配される。

しかし、人間は経済人ではない。人間は知恵のある人であることを忘れてはならない。人間の未来を神の見えざる手にゆだねるのではなく、知恵のある人としての人間が、人間のめざす未来を創造しなければならない。

そうした未来を創造するには、人間が個人として知恵を出すよりも、協力して知恵を出しあったほうが実現性が高いに決まっている。人間が協力して知恵をしぼれば、未来を人間が創造できるはずである。

参考文献

アーネ・リンドクウィスト、ヤン・ウェステル／川上邦夫訳『あなた自身の社会――スウェーデンの中学教科書』新評論（一九九七年）
井上達夫『共生の作法――会話としての正義』創文社（一九八六年）
井堀利宏『日本の財政赤字構造――中長期の実証・規範分析』東洋経済新報社（一九八六年）
大内秀明『知識社会の経済学――ポスト資本主義社会の構造改革』日本評論社（一九九九年）
大澤真理『企業中心社会を超えて――現代日本を〈ジェンダー〉で読む』時事通信社（一九九三年）
大島通義・神野直彦・金子勝編著『日本が直面する財政問題――財政社会学的アプローチの視点から』八千代出版（一九九九年）
金子勝『市場と制度の政治経済学』東京大学出版会（一九九七年）
神野直彦『システム改革の政治経済学』岩波書店（一九九八年）
神野直彦・金子勝編著『「福祉政府」への提言――社会保障の新体系を構想する』岩波書店（一九九九年）
神野直彦・金子勝編著『財政崩壊を食い止める――債務管理型国家の構想』岩波書店（二〇〇〇年）
神野直彦『「希望の島」への改革――分権型社会をつくる』ＮＨＫ出版（二〇〇一年）
神野直彦『二兎を得る経済学――景気回復と財政再建』講談社＋α新書（二〇〇一年）
神野直彦「開花した『学びの社会』」、『世界』二〇〇一年五月号、岩波書店
玉井金五『防貧の創造――近代社会政策論研究』啓文社（一九九二年）

デビッド・コーテン/西川潤監訳・桜井文翻訳『グローバル経済という怪物――人間不在の世界から市民社会の復権へ』シュプリンガー・フェアラーク東京(一九九七年)
正村公宏『福祉国家から福祉社会へ――福祉の思想と保障の原理』筑摩書房(二〇〇〇年)
間宮陽介『同時代論――市場主義とナショナリズムを超えて』岩波書店(一九九九年)
森浩太郎「スウェーデン経済の現況」在スウェーデン日本大使館(一九九九年)
山田鋭夫・須藤修編『ポストフォーディズム――レギュラシオン・アプローチと日本』大村書店(一九九一年)

Crouch, Colin and Streeck, Wolfgang *ed.* [1997], *Political Economy of Modern Capitalism: Mapping Convergence and Diversity*(コーリン・クラウチ/ウォルフガング・ストリーク編/山田鋭夫訳『現代の資本主義制度――グローバリズムと多様性』NTT出版(二〇〇一年)
Fourastié, Jean [1965], *Les 40000 heures*, Robert Laffont, Paris(ジャン・フーラスティエ/長塚隆二訳『四万時間――未来の労働を予測する』朝日新聞社(一九六五年))
Hesselbein F, etc. *ed.* [1998], *The Community of the Future*, Jossey-Bass(フランシス・ヘッセルバイン他/加納明弘訳『未来社会への変革――未来の共同体がもつ可能性』フォレスト出版(一九九九年))
Kohn, Alfie [1992], *No Contest: The Case Against Competition*, Houghton Mifflin Company(アルフィ・コーン/山本啓・真水康樹訳『競争社会をこえて――ノー・コンテストの時代』法政大学出版局(一九九四年))
Lipietz, Alain [1989], *Choisir L'Audace*, Éditions La Découverte(アラン・リピエッツ/若森章孝訳『勇気ある選択――ポストフォーディズム・民主主義・エコロジー』藤原書店(一九九〇年))

Loebl, Eugen[1976], *Humanomics: How we can make the economy serve us not destroy us*, Random House(エウゲン・ロエブル／斎藤志郎訳『ヒューマノミックス——経済学における人間の復権』日本経済新聞社(一九七八年))

Maslow, Ablaham H. [1954], *Motivation and Personality*, Harper & Brothers(マズロー／小口忠彦監訳『人間性の心理学』産業能率短期大学出版部(一九七一年))

McGregor, Douglas[1960], *The Human Side of Enterprise*, McGraw-Hill(マグレガー／高橋達男訳『企業の人間的側面』産業能率短期大学出版部(一九六六年))

Schumpeter, Joseph A. [1918], *Die Krise des Steuerstaats*, Leipzig(J. A. シュムペーター／木村元一・小谷義次訳『租税国家の危機』岩波書店(一九八三年))

Statistics Sweden[2000], *Sweden 2000 A Knowledge Society*.

Steinmo, Sven[1993], *Taxation and Democracy*, Yale University Press(スヴェン・スティンモ／塩崎潤・塩崎恭久訳『税制と民主主義』今日社(一九九六年))

Steinmo, Sven[1995], *Why Tax Reform? Understanding Tax Reform in its Political and Economic Context*.

あとがき

一六世紀フランスの国家学者ボダンは、「人間こそ唯一の富である」という格言を残している。人間との出会いは、人間に思わぬ力を奮い立たせる。

本書は、岩波書店森光実氏との出会いの産物である。森光氏の不思議な魔力のある眼差しに励まされ、まとめあげることができた。もちろん、数多くの人々との出会いなしには、出版に漕ぎ着けることはできなかった。

私を育てあげてくれた恩師や友人たちとの出会いは、いくら感謝しても感謝しきれない生きる力を、私に与えてくれている。さらに、政治家の方々、各省庁の方々、それに知事や市長をはじめとする地方自治体関係者の方々、ジャーナリストの方々、経営者の方々、労働組合や市民運動にたずさわる方々など、私をはげまし、教え導いてくれている多くの方々との出会いにも感謝したい。

最後に、本書の作成にあたって、とくに惜しみない協力をいただいた方々に謝意を表したい。

在日スウェーデン大使館からは、クムリーン大使をはじめ、ラーソン氏、ソーダバーグ洋子さんから、私の研究に献身的に協力をいただいた。内田富夫大使をはじめとして、在スウェーデン日本大使館の方々にはいつも温かい協力をいただいている。また、藤井威前スウェーデン大使にはお礼の言葉もない。経済産業省の坂田一郎氏、環境省の森浩太郎氏、財務省の井澤伸晃氏、高知市の黒田利明氏、札幌市の大井潤氏には、資料の提供などお教えをいただいたことに感謝したい。加えて、スウェーデン在住のスティアー純子氏の協力なしには、私の思想は存在していない。非営利組織の調査の機会を与えてくださった総合研究開発機構の澤井安勇理事、山本聡氏にお礼を申し述べたい。もちろん、研究室の瀧澤紀子氏の協力なしには、眼の不自由な私には本書をまとめることはできなかった。

そして私の「生」を支えてくれている家族に、本書を捧げたい。

足早に近づく初夏の訪れを感じながら

神野直彦

神野直彦

1946年埼玉県生まれ
1981年東京大学大学院経済学研究科博士課程修了
大阪市立大学助教授，東京大学助教授を経て
現在一東京大学経済学部・大学院経済学研究科教授
専攻一財政学
著書一『システム改革の政治経済学』(岩波書店)
『「希望の島」への改革』(日本放送出版協会)
『二兎を得る経済学』(講談社+α新書) など

人間回復の経済学　　岩波新書(新赤版)782

2002年5月20日 第1刷発行
2005年2月15日 第12刷発行

著　者　神野直彦《じんのなおひこ》

発行者　山口昭男

発行所　株式会社 岩波書店
〒101-8002 東京都千代田区一ツ橋2-5-5
案内 03-5210-4000 販売部 03-5210-4111
http://www.iwanami.co.jp/

新書編集部 03-5210-4054
http://www.iwanamishinsho.com/

印刷・理想社　カバー・半七印刷　製本・桂川製本

ISBN 4-00-430782-1　　Printed in Japan

岩波新書創刊五十年、新版の発足に際して

岩波新書は、一九三八年一一月に創刊された。その前年、日本軍部は日中戦争の全面化を強行し、国際社会の指弾を招いた。しかし、アジアに覇を求めた日本は、言論思想の統制をきびしくし、世界大戦への道を歩み始めていた。出版を通して学術と社会に貢献・尽力することを終始希いつづけた岩波書店創業者は、この時流に抗して、岩波新書を創刊した。

創刊の辞は、道義の精神に則らない日本の行動を深憂し、権勢に媚び偏狭に傾く風潮と他を排撃する驕慢な思想を戒め、批判的精神と良心的行動に拠る文化日本の躍進を求めての出発であると謳っている。このような創刊の意は、戦時下においても時勢に迎合しない豊かな文化的教養の書を刊行し続けることによって、多数の読者に迎えられた。戦争は惨澹たる内外の犠牲を伴って終わり、戦時下に一時休刊の止むなきにいたった岩波新書も、一九四九年、装を赤版から青版に転じて、刊行を開始した。新しい社会を形成する気運の中で、自立的精神の糧を提供することを願っての再出発であった。赤版は一〇一点、青版は一千点の刊行を数えた。

一九七七年、岩波新書は、青版から黄版へ再び装を改めた。右の成果の上に、より一層の課題をこの叢書に課し、閉塞を排し、時代の精神を拓こうとする人々の要請に応えたいとする新たな意欲によるものであった。即ち、時代の様相は戦争直後とは全く一変し、国際的にも国内的にも大きな発展を遂げながらも、同時に混迷の度を深めて転換の時代を迎えたことを伝え、科学技術の発展と価値観の多元化は文明の意味が根本的に問い直される状況にあることを示していた。

その根源的な問は、今日に及んで、いっそう深刻である。圧倒的な人々の希いと真摯な努力にもかかわらず、地球社会は核時代の恐怖から解放されず、各地に戦火は止まず、飢えと貧窮は放置され、差別は克服されず人権侵害はつづけられている。科学技術の発展は新しい大きな可能性を生み、一方では、人間の良心の動揺につながろうとする側面を持っている。溢れる情報によって、かえって人々の現実認識は混乱に陥り、ユートピアを喪いはじめている。わが国にあっては、いまなおアジア民衆の信を得ないばかりか、近年にいたって再び独善偏狭に傾く惧れのあることを否定できない。

豊かにして勁い人間性に基づく文化の創出こそは、岩波新書が、その歩んできた同時代の現実にあって一貫して希い、目標としてきたところである。今日、その希いは最も切実である。岩波新書が創刊五十年・刊行点数一千五百点という画期を迎えて、三たび装を改めたのは、この切実な希いと、新世紀につながる時代に対応したいとするわれわれの自覚とによるものである。未来をになう若い世代の人々、現代社会に生きる男性・女性の読者、また創刊五十年の歴史を共に歩んできた経験豊かな年齢層の人々に、この叢書が一層の広がりをもって迎えられることを願って、初心に復し、飛躍を求めたいと思う。読者の皆様の御支持をねがってやまない。

（一九八八年一月）

岩波新書より

経済

- 日本の税金　三木義一
- 人間回復の経済学　神野直彦
- ユーロ その衝撃とゆくえ　田中素香
- 戦後アジアと日本企業　小林英夫
- 変わる商店街　中沢孝夫
- 中小企業新時代　中沢孝夫
- 日本経済図説〔第三版〕　宮崎勇・本庄真
- 世界経済図説〔第二版〕　宮崎勇・田谷禎三
- 社会的共通資本　宇沢弘文
- 経済学の考え方　宇沢弘文
- 市場主義の終焉　佐和隆光
- 経済学とは何だろうか　佐和隆光
- イノベーションと日本経済　後藤晃
- 金融工学とは何か　刈屋武昭
- 景気と国際金融　小野善康
- 景気と経済政策　小野善康
- 経営革命の構造　米倉誠一郎

- 金融入門〔新版〕　岩田規久男
- 国際金融入門　岩田規久男
- ブランド 価値の創造　石井淳蔵
- 日本の経済格差　橘木俊詔
- 金融システムの未来　堀内昭義
- 財政構造改革　小此木潔
- アメリカの通商政策　佐々木隆雄
- ゼロエミッションと日本経済　三橋規宏
- 戦後の日本経済　橋本寿朗
- アメリカ産業社会の盛衰　鈴木直次
- 共生の大地 新しい経済がはじまる　内橋克人
- 思想としての近代経済学　森嶋通夫
- イギリスと日本 正・続　森嶋通夫
- シュンペーター　伊東光晴・根井雅弘
- ケインズ　伊東光晴
- 世界経済入門〔第二版〕　西川潤
- 大恐慌のアメリカ　林敏彦